This is Lebanon...
The Geography of Lebanon

هيدا لبنان...
جغرافية لبنان

lingualism

ISBN: 978-1-962752-24-4

Written by Sarah Khoury and Matthew Aldrich

Edited by Charbel Ghaleb and Matthew Aldrich

Audio by Ayman Sayegh

website: www.lingualism.com

email: contact@lingualism.com

TABLE OF CONTENTS

INTRODUCTION

This book is the second in the series هيدا لبنان (*This is Lebanon...*). Book Two, جغرافية لبنان (*The Geography of Lebanon*) presents **twelve units**, each exploring a key aspect of Lebanon's physical landscape, regions, and natural or human geography, highlighting how they have influenced the country's history, society, and identity.

The texts are written entirely in Lebanese Arabic at an **advanced level** (C1–C2), making them suitable for learners who have studied Lingualism's intermediate-level materials and are ready to push their language skills further. The writing style is clear yet sophisticated, offering learners an authentic challenge while staying accessible with support materials.

Each of the twelve units is built around a central text and is accompanied by:

- **Pre-reading questions** to activate background knowledge and spark curiosity

- **Key vocabulary** drawn from the text to support comprehension

- **Comprehension questions** to check understanding of details and main ideas

- **Discussion and essay prompts** to encourage critical thinking and deeper engagement

- **Professional audio recordings** of each text read by a native speaker from Beirut, to support listening practice and reinforce natural pronunciation and rhythm

Together, these features make the book not only a reading resource but also a complete toolkit for learners aiming to achieve a high level of proficiency in Levantine Arabic.

HOW TO USE THIS BOOK

This book is designed to help you get the most out of your studies as you advance into the highest levels of Lebanese Arabic. To benefit fully, it's important to approach each unit actively and strategically. The following guide explains the steps you can take to make the most of the materials provided.

Unit Introductions and Pre-Reading Questions

Each unit begins with a short introduction in English. This introduction gives you some background about the unit's topic. Having this context before you begin reading in Arabic helps activate your prior knowledge, set expectations, and make it easier to make educated guesses as you encounter new vocabulary and expressions.

The **Pre-Reading Questions** are designed to get you thinking about the subject. Try answering them in Lebanese Arabic, either by speaking out loud or writing your answers. If you are studying with a tutor or in a class, these questions can spark discussion. If you are studying on your own, they are still valuable to prepare your mind to notice key concepts and vocabulary when you read the text.

Vocabulary Exercise

Each unit highlights **10 Key Vocabulary items** from the text. These are words or phrases you will see in **bold** within the text (or underlined in a section title). Before reading, you are given their definitions in Arabic—but without the actual words themselves.

Your task is to match each definition to the correct word or phrase from the text. This activity forces you to pay close attention to both the definitions and the surrounding context in the text itself. Use clues from the sentences to help you decide which word matches which definition.

If you are studying with a teacher, you can work together to discuss possible matches before checking the answers. If you are studying alone, try to complete the activity on your own first, then check your answers using the **answer key** at the back of the book.

Approaching the Reading Text

The main text of each unit is a challenging article written in Lebanese Arabic. There are few vowel markings (tashkeel), just as you would see in authentic native materials. This means you must rely on your vocabulary knowledge, grammar skills, and context to determine the correct pronunciation and meaning.

There are many ways you can approach the text. Experiment with different methods to see what works best for you:

- **Listening First**: Play the audio without looking at the text. See how much you can understand by ear alone. Then listen again after studying the text to measure your progress.

- **Reading While Listening**: Follow along in the text while the narrator reads at a natural, native speed. Don't pause—just let yourself absorb as much as you can.

- **Reading Alone**: Read the text without audio, at your own pace. Focus on meaning, guess unknown words from context, and mark phrases you find difficult.

- **Checking with Audio**: Listen again while reading, and this time mark tashkeel only on words you were unsure of. Use the audio as a tool to confirm or correct your guesses.

The English translations are included at the back of the book—not beside the Arabic text. This is intentional. At this level, you should try to understand the text without relying too quickly on translations. Use them only when you are truly stuck.

Using the Audio

The recordings are available as a **free download from our website** and also to **stream on our YouTube channel**. The narrator speaks at a natural, conversational speed—faster than the recordings in our intermediate materials.

This is meant to challenge your listening comprehension at an advanced level. That said, if needed, you can slow down playback on YouTube. You can also repeat short sections of the audio to practice shadowing—reading the text out loud while trying to match the speaker's pronunciation, intonation, and rhythm.

Visit **www.lingualism.com/audio**, where you can find the free accompanying audio to download or stream (at variable playback rates).

Comprehension Questions

After the text, you will find **10 comprehension questions**. These test your understanding of the details, main ideas, and implications in the text. Try to answer them in Arabic if you can.

- **On your own**: Write your answers in a notebook. Check back in the text to confirm, but avoid relying too much on the translation.

- **With a tutor or class**: Discuss your answers aloud. Let the questions guide you back into the text to justify your ideas.

Discussion and Essay Prompts

Finally, each unit includes open-ended questions designed for deeper reflection and critical thinking. These questions are not about right or wrong answers; they are meant to help you **express your opinions and ideas in Arabic**.

If you are studying independently, treat them as writing prompts. Write short essays or journal entries in Lebanese Arabic. If you are studying with a tutor, use them as conversation starters. They are especially useful for building fluency and practicing expressing complex ideas naturally.

Final Tip

There is no single "correct" path through a unit. Some learners prefer to listen first, then read. Others read first, then listen. The important thing is to challenge yourself, stay engaged, and use the different components—text, audio, vocabulary, and questions—in ways that push you beyond your comfort zone while still being manageable.

Above all, enjoy the journey. As you read about Lebanon's landscapes, regions, and environments, you are not only improving your Arabic but also gaining a deeper understanding of the geography that shapes life in Lebanon. By the time you complete this book, you will have strengthened your command of Levantine Arabic and prepared yourself to approach the wider series with confidence, curiosity, and a richer appreciation of both the language and the land.

١
موقع لبنان وأهميتو الجغرافية

Lebanon's geographic location has given it an importance far greater than its size. Situated on the eastern Mediterranean coast, between inland Syria and the sea, Lebanon became a meeting point between the Levant and the wider Mediterranean world. From ancient Phoenician port cities to mountain ranges and fertile plains, its landscape shaped trade routes, cultural exchange, and patterns of settlement. Over time, this same location also placed Lebanon at the center of regional conflicts and political tensions. Understanding Lebanon's geography helps explain how its past unfolded and why its position continues to matter today.

Pre-Reading Questions

١. شو أول شي بيخطر ببالك بس تسمع بجغرافية لبنان أو موقعو؟

٢. برأيك، قرب المدن اللبنانية من دول مجاورة ممكن يكون نقطة قوة ولا نقطة ضعف؟ وليش؟

٣. بتشوف إنو موقع البلد ممكن يغيّر بسياستو واقتصادو؟ عطي متل من خبرتك أو معرفتك.

Vocabulary

Below are ten definitions. Each one matches a word or phrase that appears in bold in the reading text (or underlined in a section title).

Before reading, try to understand each definition and think of what Arabic term might fit.

Then, as you read, look for the bold words and phrases in the text. Use the surrounding context to help you match them to the definitions.

An answer key is provided at the back of the book.

١. احتكاك شعوب وثقافات ببعضا من خلال التجارة أو السفر أو اللغة

٢. المنطقة أو المدينة اللي عاش فيا شعب أو حضارة من زمان

٣. خليط من ثقافات وانتماءات مختلفة بتشكّل شخصية المجتمع

٤. شي ممكن يعطي البلد فايدة كبيرة بالمستقبل إذا استغلّو منيح

٥. شي من الطبيعة متل جبل أو وادي بيفصل بين منطقتين

٦. طريق كانت تستعملو قوافل التجار أو المسافرين لينتقلوا بين مناطق بعيدة

٧. قدرة البلد يستعمل البحر أو البر ليحرّك بضاعة أو مسافرين

8. قضايا كبيرة بين دولتين بتسبب خلاف أو توتر

9. منطقة أو موضوع صاير عليه تركيز كبير من دول أو مؤسسات

10. نتايج سياسية بتصير بسرعة بسبب علاقة أو حدث معيّن

بين البحر والجيران: موقع لبنان الأساسي

لبنان بلد صغير موجود بشرق البحر الأبيض المتوسط. من الشمال والشرق بيحدّو سوريا، ومن الجنوب إسرائيل، ومن الغرب البحر. هالموقع بين البحر واليابسة عطى لبنان أهميّة أكبر بكتير من حجم مساحتو. هو نقطة تقاطع بين بلاد الشام من جهة، والعالم المتوسطي من جهة تانية .

هالحدود عملت علاقة مباشرة مع مدن ومناطق قريبة: دمشق أقرب لبيروت من كتير مناطق لبنانية، وصور وصيدا كانوا عبر التاريخ قريبين من فلسطين التاريخية بأكتر من علاقة اقتصادية واجتماعية.

الفينيقيين والمرافئ القديمة

قبل آلاف السنين، مدن الساحل اللي موجودة اليوم بلبنان كانت **موطن** للفينيقيين. هالمدن متل صور وصيدا وجبيل كانت مراكز تجارة وصناعة مراكب، ومنا انطلقت الملاحة الفينيقية عبر البحر.

السكان القدامى لهالمدن كانوا يتاجروا بالخشب والمعادن والأصباغ، وينشئوا مراكز تجارية بعيدة حوالين البحر المتوسط. هالتحرّك البحري لعب دور أساسي بنشر الكتابة الفينيقية و**بالتواصل بين حضارات مختلفة**.

المهم الإشارة إنّو هالنشاط كان نشاط سكان المدن الفينيقية القديمة، مش "اللبنانيين" بمعنى الدولة الحديثة.

الجبال والسهل: جغرافيا متنوعة بمساحة صغيرة

السلسلة الغربية، اللي بتقطع البلد من الشمال للجنوب، بتوصل قمما لارتفاعات بتتجاوز التلاتة آلاف متر.

هالجبال شكّلت **حاجز طبيعي**، وحمت الساحل، وخلقت مناطق مناخية مختلفة.

ورا الجبال، بين السلسلة الغربية والسلسلة الشرقية، بيمتد سهل البقاع. هالسهل كان عبر التاريخ **ممر مهم للقوافل** والجيوش. كانت تمر فيه طرق قديمة، تربط بين حمص ودمشق وفلسطين.

التنوّع بين الساحل، الجبل، والسهل عطى لبنان طبيعة غنية. خلال ٢٠ كيلومتر فيك تنتقل من مناخ ساحلي دافي لقمة عالية مغطاية بالتلج.

موقع حساس سياسيًّا عبر التاريخ الحديث

من بداية القرن العشرين، موقع لبنان صار جزء من صراعات المنطقة. القرب من فلسطين خلّى الجنوب منطقة حساسة. وبسبب الحدود الطويلة مع سوريا،

كان في حركة بشرية وتجارية مستمرة، إضافة لتأثيرات سياسية مباشرة.

هالتموضع بين دولتين عندن **ملفات صراع** كبيرة خلّى لبنان مرات يدفع ثمن موقعو. من الحرب الأهلية للنزاعات المتكررة بالجنوب، كان الموقع عنصر مؤثّر بالقضايا الأمنية والسياسية.

بوابة ثقافية وحضارية

موقع لبنان عمل منو مركز عبور لأفكار وثقافات مختلفة. الفينيقيين تواصلوا مع حضارات المتوسط، والرومان تركوا آثار ومعابد، والعثمانيين إجوا عبر الطرق البرية. بالحرب العالمية الأولى والتانية، كان لبنان على خط تواصل بين قوى كبيرة، ومع الانتداب الفرنسي صار نقطة تأثير أوروبي مباشر.

هالخليط الجغرافي والسياسي خلق **هوية معقدة** وغنية، بتجمع بين العربي والمتوسطي، وبين الجبلي والبحري.

لبنان اليوم: أهمية مستمرة بالرغم من التحديات

اليوم، موقع لبنان بعدو عنصر أساسي بسياستو واقتصادو. البحر بيعطي **إمكانيات للنقل** والسياحة، والجبال بتجذب الزوار وبتلعب دور بيئي مهم.

قرب لبنان من مناطق التنقيب عن الغاز بالبحر خلّى الشرق المتوسط **محور اهتمام** جديد، ولبنان جزء من هالصورة.

مع هيك، التحديات الأمنية والاقتصادية بتأثّر بشكل مباشر على قدرة لبنان إنو يستفيد من موقعو. بس رغم كل شي، الموقع بضل **مصدر قوة محتملة،** وفرصة دايمة لو البلد قدر يرجع يستقر ويستغل هالمساحة الصغيرة اللي بتجمع تاريخ، حضارة، وتنوّع ما بينوجد بسهولة بغير أماكن.

Comprehension Questions

1. ليش موقع لبنان عطا أهميّة أكبر من مساحة أرضو؟

2. كيف كانت العلاقة بين بيروت ودمشق عبر التاريخ حسب النص؟

3. ليش مدن صور وصيدا وجبيل كانت مهمة بالفترة الفينيقية؟

4. شو نوع النشاط التجاري اللي اشتغل فيه سكان المدن الفينيقية القديمة؟

5. ليش الكاتب شدّد إنو الفينيقيين مش "لبنانيين" بالمعنى الحديث؟

6. ليش كان سهل البقاع ممر مهم بالقوافل والطرق القديمة؟

7. كيف ممكن الانتقال بين الساحل والجبل يغيّر المناخ خلال مسافة قصيرة؟

8. كيف أثّر موقع لبنان على أحداثو السياسية من بداية القرن العشرين؟

9. ليش الجنوب صار منطقة حساسة عبر السنين؟

10. بأي معنى الموقع الجغرافي ممكن يكون فرصة للبنان اليوم رغم التحديات؟

Discussion / Essay Prompts

1. برأيك، لو كان موقع لبنان مختلف، كيف كانت رح تتغيّر هويّتو؟

2. شو رأيك بفكرة إنو الجغرافيا بتحدد جزء كبير من سياسة البلد؟

3. إذا كنت مسؤول، شو الخطوة الأولى اللي بتعملا ليستفيد لبنان من موقعو؟

٢
التقسيمات الإدارية الرسمية بلبنان

Lebanon's administrative divisions shape how the country is governed and how people interact with the state in their daily lives. Despite its small size, Lebanon relies on a layered system of governorates, districts, and municipalities to manage regional differences in geography, population, and resources. These divisions developed over time, influenced by Ottoman rule, the early years of the modern state, and later reforms aimed at improving local administration. Understanding how these levels function, and where they succeed or struggle, helps explain many of Lebanon's political, social, and development challenges today.

Pre-Reading Questions

1. برأيَك، كيف ممكن التقسيمات الإدارية تأثّر على حياة الناس اليومية؟

2. ليه مهم يكون في أكتر من مستوى للإدارة المحليّة؟

3. برأيك، اللامركزية فيا تدعّم المناطق البعيدة؟ فسّر رأيك.

Vocabulary

Read the definitions below. Each one matches a bold word or phrase in the text. Try to guess the terms first, then find them in context as you read. Answers are at the back of the book.

1. الجهة اللي بتربط بين مستويين إداريّين

2. بلدية واقفة شغلتا بسبب خلافات أو قلّة موارد

3. ترتيب شغل الدولة بطريقة منظّمة وواضحة

4. تقوية دور الجهات المحليّة وزيادة فعاليتا

5. تنظيم البناء، الطرق، والتخطيط داخل المدينة أو القرية

6. صلاحيات محدودة بجهة معيّنة وما بتنترك لغيرا

7. عدد سكان كبير بمساحة صغيرة

8. قوّة وتأثير مجموعات أو عيل بمنطقة معيّنة

9. وقت يكون في أكتر من جهة إدارية بتعمل نفس الدور بطريقة بتسبّب خربطة

10. يشرف على شغل البلديات والقضاء ويتابع ملفاتُن

لمحة عامة عن التقسيم الإداري بلبنان

النظام الإداري بلبنان مقسوم لتلات مستويات أساسية: المحافظات، الأقضية، والبلديات. هالتقسيمات هدفا **تنظيم الإدارة**، توزيع الخدمات، وربط الناس بالدولة المركزية ببيروت. رغم إنّو لبنان بلد صغير، الاختلافات الجغرافية والديموغرافية خلّت هالتقسيمات ضرورية من وقت تأسيس الدولة.

المحافظات: الإطار الأكبر للإدارة

اليوم، لبنان مقسوم لتسع محافظات: بيروت (١)، جبل لبنان (٢)، الشمال (٣)، البقاع (٤)، الجنوب (٥)، النبطية (٦)، إضافةً لتشكيلات إدارية حديثة نسبيًا تم إقرارا رسميًا خلال العقود الأخيرة.

بعض المحافظات قديمة وموجودة من أوائل القرن العشرين، بينما محافظات متل عكار (٧) وبعلبك-الهرمل (٨) استُحدثت بالسنوات الأخيرة **لتعزيز الإدارة المحلية** وتقريب الخدمات من الناس.

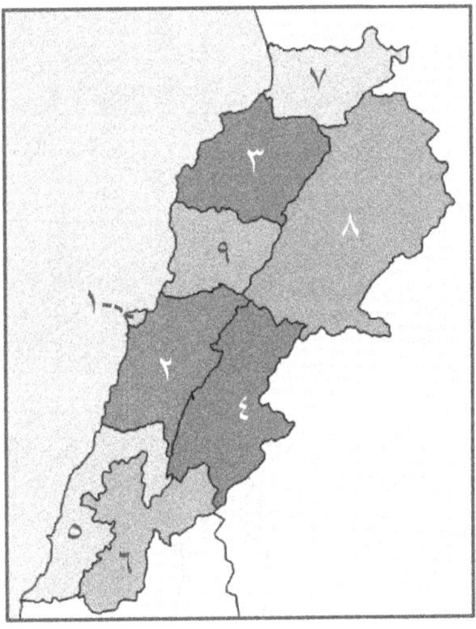

كسروان-جبيل (٩)

المحافظ هو ممثل الدولة المركزية، وبيدير ملفات أساسية: الأمن، الأشغال العامة، التنسيق بين الوزارات، و**متابعة البلديات والأقضية**.

الأقضية: حلقة الوصل بين المناطق

كل محافظة بتنقسم لأقضية، وعدد الأقضية حاليًا ٢٦. القائمقام هو المسؤول عن القضاء، وبيكون **همزة الوصل** بين المحافظة والبلديات.

التقسيم القائم اليوم إلو جذور بمرحلة المتصرفية وبداية الحكم العثماني، لما كانت المناطق تُقسّم حسب الجغرافيا والعيلات **والنفوذ المحلي.**

ولليوم، في أقضية حافظت تقريبًا على شكلا التاريخي، متل زحلة، صور، بعبدا، والشوف. الأقضية بتجمع مجموعة بلدات عندا روابط اجتماعية واقتصادية مشتركة: بعضن ساحلي، بعضن جبلي، وبعضن سهلي متل البقاع.

البلديات: الإدارة الأقرب للناس

البلدية هي أصغر وحدة إدارية، ومن خلالا الناس بيتعاملوا يوميًا مع الدولة. في بلديات عدد سكانا أقل من ألف، وفي بلديات كبيرة متل طرابلس وصيدا فيا عشرات آلاف.

مسؤوليات البلدية تشمل **الإدارة العمرانية**، الطرقات، الإنارة، النفايات، الأنشطة الثقافية، وتنظيم الحياة العامة بالمدينة أو القرية.

بس البلديات بتواجه صعوبات كبيرة: ميزانيات محدودة، نقص بالمعدات والموارد، **وتداخل صلاحياتا** مع الوزارات المركزية. في كتير بلديات بتعتمد على الدولة بتمويل أي مشروع أساسي.

التوزيع السكاني واختلاف المناطق

التقسيم الإداري بيعكس التنوّع السكاني بلبنان. في محافظات ذات كثافة عالية متل بيروت وجبل لبنان، وفي مناطق أقل **اكتظاظًا** متل بعلبك-الهرمل والنبطية وعكار.

الأقضية كمان بتختلف بالإكتظاظ: في أقضية فيا مدن كبيرة متل زحلة وجبيل، بينما في أقضية أغلبا قرى صغيرة موزعة على الجبال والسهول. هالتفاوت بيخلق تحديات بخدمات النقل، الصحة، التعليم، والبنى التحتية.

التحديات الإدارية المعاصرة

رغم وضوح الهيكل الإداري، الحكم المحلي بلبنان بيعاني من مشاكل مزمنة. في كتير **صلاحيات** بعدا **محصورة** ببيروت، والبلديات ما عندا استقلالية كافية.

في مناطق فيا بلديات فعّالة جدًا، وفي مناطق بلدياتا ضعيفة أو معلّقة بسبب خلافات أو غياب الموارد.

اللامركزية الإدارية مطروحة كحلّ من سنين، وفي رأي واسع إنّو تطبيقا ممكن يساعد **بتنمية المناطق** البعيدة عن العاصمة.

أهمية التقسيم الإداري اليوم

التقسيم الإداري مش مجرد مسألة تقنية، بل عنصر أساسي من إدارة بلد متنوع. البلدية القوية قادرة تنفّذ مشاريع تنموية محلية، والقضاء المنظّم بيوحّد جهود البلدات، والمحافظة الفعّالة بتعمل توازن بين حاجات الناس والدولة المركزية.

بهالبلد الصغير، الحكم المحلي أساسي لتحسين حياة الناس ولإعادة بناء الثقة بين المناطق والدولة.

Comprehension Questions

1. لَكم مستوى بينقسم النظام الإداري بلبنان؟

2. قديش عدد المحافظات بلبنان اليوم؟

3. ليه انعملوا محافظات جديدة متل عكار وبعلبك-الهرمل؟

4. شو أهم مسؤوليات المحافظ؟

5. أي مرحلة تاريخية أثّرت بشكل كبير على رسم حدود الأقضية؟

6. شو دور القائمقام بالقضاء؟

7. ليه البلديات بتختلف كتير بحجما وعدد سكانا؟

8. شو أبرز المشاكل اللي بتواجه البلديات؟

9. ليه اللامركزية مطروحة كحل بلبنان؟

10. كيف بيتكامل دور البلدية والقضاء والمحافظة بإدارة المنطقة؟

Discussion / Essay Prompts

1. شو برأيك التوازن الأنسب بين الدولة المركزية والسلطة المحليّة بلبنان؟

2. خلق وحدات إدارية جديدة، بيساعد بحلّ المشاكل أو بيزيد التعقيد؟ ليه؟

3. قارن النظام الإداري اللبناني بنظام تاني بتعرفو. شو أهم الفروقات، وبرأيك شو في لبنان يتعلّم من غيرو؟

٣
بيروت: العاصمة بين الساحل والجبل

Beirut's geography plays a central role in shaping the city's character. Positioned on a narrow coastal strip between the Mediterranean Sea and Mount Lebanon, Beirut developed as a city open to the world yet closely tied to its surrounding mountains. This location made it a gateway for trade, ideas, and migration, and helped shape its neighborhoods, port, and urban growth. Over time, rapid expansion, war, reconstruction, and environmental pressure transformed Beirut's landscape, while its social fabric remained deeply connected to place. Understanding Beirut's geography helps explain its diversity, its tensions, and its enduring energy as Lebanon's capital.

Pre-Reading Questions

1. شو أول صورة بتخطر عبالك لما تسمع كلمة "بيروت"؟

2. برأيك، موقع المدينة بين البحر والجبل كيف ممكن يأثّر على حياتا وهويّتا؟

3. إذا زرت بيروت قبل، أي حي حسّيتو بيمثل المدينة أكتر؟ وليه؟

Vocabulary

Read the definitions below. Each one matches a bold word or phrase in the text. Try to guess the terms first, then find them in context as you read. Answers are at the back of the book.

1. الجزء من المدينة اللي بيطلّ على البحر

2. جايّة بارتفاع أو موقع بيخلّيا تشوف منطقة أوسع

3. جدل أو اختلاف آراء بين مجموعات كبيرة

4. جوّ أو أسلوب حياة منفتح ومتنوع ثقافيًا

5. زيادة البنا والسكان بشكل بيخلق ازدحام وتحديات

6. شوارع ضيّقة ومتعرّجة بين الأبنية

7. عنصر أساسي بيغذّي النشاط الاقتصادي أو الاجتماعي

8. قدرة منطقة أو مدينة تدخل بعلاقات تجارية مع أماكن جديدة

9. مكان بيريّح الناس وبيعطين فسحة بعيد عن الضغط

10. مناطق كانت تفصل بين طرفين بالحرب

موقع بيروت: مدينة على حافة البحر والجبل

بيروت موجودة على ساحل صغير بين البحر الأبيض المتوسط وجبل لبنان. هالموقع الفريد خلق مدينة مفتوحة على البحر من جهة، ومحمية بالجبال من جهة تانية. القرب من الجبل عطى المدينة مناخو المعتدل، والبحر عطى هويّة تجارية من آلاف السنين.

هالتموضع الجغرافي خلّى بيروت نقطة مرور للناس والبضايع، ونقطة تواصل بين الداخل اللبناني والعالم الخارجي.

الأحيا القديمة وتكوين المدينة

من زمان، بيروت كانت تنقسم لعدّة أحيا لكل واحد طابعو. الوسط التجاري القديم كان قلب الحركة الاقتصادية، وبتحيط فيه مناطق سكنية وتجارية متل زقاق البلاط، المصيطبة، البرج، ومونو.

الأحيا الشرقية متل الأشرفية والسيوفي كانت **مطلّة** على المرفأ وعلى المنحدرات، بينما الأحيا الغربية متل راس بيروت والحمرا كانت أقرب للجامعات والأسواق الشعبية.

هالتنوع بالارتفاع والمسافات خلق مدينة فيا **زواريب** صغيرة، نزلات وطلعات، ومزيج بين أبنية قديمة بواجهات حجرية ومباني حديثة.

الكورنيش والمرفأ: وجه بيروت البحري

خط الساحل ببيروت، المعروف بالكورنيش، هو واحد من أهم معالم المدينة. البحر عطى بيروت فسحة طبيعية مفتوحة، ومساحة لقاء للناس من كل الفئات.

المرفأ كان دائمًا **شريان الحياة** الاقتصادية. من القرن التاسع عشر، توسّع المرفأ تدريجيًا ليكون مركز أساسي للتجارة بين بلاد الشام وأوروبا. وصول السفن، تخزين البضايع، **والانفتاح على أسواق جديدة**، كلّو ساهم بتحويل بيروت لعاصمة اقتصادية.

انفجار مرفأ بيروت سنة ٢٠٢٠ شكّل صدمة كبيرة، مش بس بسبب الخساير، بل لأنو المرفأ جزء من هوية المدينة وجغرافيتا.

الامتداد العمراني والتحوّل السريع

بيروت مدينة صغيرة جغرافيًا، بس توسّعت بسرعة، خاصةً من الخمسينات لليوم. نمو الجامعات، الشركات، والمصارف خلق **ضغط عمراني** كبير. مناطق كانت قرى صغيرة متل الحدث، فرن الشباك، وبرج حمود صارت جزء من بيروت الكبرى.

التمدّد طال الساحل كمان، وصار في مشاريع عمرانية ضخمة غيّرت شكل **الواجهة البحرية**. هالتغيّرات خلقت **نقاش واسع** حول العمران، والبيئة،

والمساحات العامة.

إعادة الإعمار بعد الحرب

بعد الحرب الأهلية، وسط بيروت تدمّر بشكل كبير. مشروع إعادة الإعمار بالتسعينات هدف يرجّع دور العاصمة الاقتصادي والسياحي. تمّ ترميم شوارع تاريخية، وإعادة بناء ميادين وساحات.

رغم الجدل حول هالمشاريع، إعادة الإعمار أعادت الحياة لوسط المدينة، وربطت بين مناطق كانت مفصولة **بخطوط اشتباك** قديمة.

أحيا بيروت وهويّتا الاجتماعية

بيروت مش حي واحد، بل مجموعة عوالم صغيرة. الحمرا منطقة جامعات ومقاهي، الأشرفية فيا مزيج بين المباني القديمة والحديثة و**طابع ثقافي عالمي**، المزرعة وطريق الجديدة مناطق شعبية ناشطة، بينما الروشة والمنارة مناطق سكنية مطلّة على البحر.

هالاختلاف ما هو صدفة، بل نتيجة جغرافيا بتجمع بين الساحل، المرتفعات، الطرق التاريخية، والمواقع التجارية.

بيروت عبر الزمن كانت تستقبل ناس من كل لبنان ومن بلاد عربية تانية، فصار فيه تنوّع اجتماعي كبير، وهالشي انعكس على لهجاتا، مطاعما، وموسيقتا.

بيروت اليوم: مدينة متعبة بس صامدة

بيروت اليوم بتواجه تحديات كبيرة: أزمات اقتصادية، ضغط سكاني، تلوّث، وانهيار بنى تحتية. بس رغم كل شي، بعدا مدينة عندا نبض، وحياة ثقافية، ومساحات بتجمع شباب وفنانين وصحافيين.

الجغرافيا بعدا عامل أساسي: البحر بيعطي أمل و**مساحة تنفّس**، والجبال خلف

المدينة بتذكّر إنّو بيروت جزء من بلد واسع ومتنوع، مش مدينة منعزلة.

وهالخليط بين البحر والجبل، بين القديم والجديد، وبين التعب والصمود، هو اللي بيصنع هوية بيروت اليوم.

Comprehension Questions

1. وين موجودة بيروت جغرافيًا؟

2. شو اللي ميّز موقع بيروت بين البحر والجبل؟

3. شو كانت وظيفة الأحيا القديمة متل زقاق البلاط والمصيطبة؟

4. ليه الأحيا الشرقية كانت مطلّة أكتر على المرفأ؟

5. شو هو دور الكورنيش بحياة المدينة؟

6. بأي معنى كان المرفأ "شريان حياة" لبيروت؟

7. شو المناطق اللي اندمجت مع بيروت الكبرى بسبب التمدّد العمراني؟

8. كيف أثّر مشروع إعادة الإعمار على وسط المدينة؟

9. شو بيفرق بين الحمرا والأشرفية وطريق الجديدة؟

10. شو نوع التحديات اللي عم تواجهها بيروت اليوم؟

Discussion / Essay Prompts

1. هل بتشوف إنّو إعادة الإعمار أعطت بيروت هويّة جديدة أو غيّرت هويّتا القديمة؟

2. هل المدن لازم تكبر بلا حدود، أو في نقطة بيصير فيا التمدّد العمراني خطر؟

3. كيف التنوع الاجتماعي ببيروت بنظرك بيغني المدينة أو بيخلق مشاكل؟

٤
السلسلة الغربية: جبال لبنان والقرى الجبلية

The Western Mountain Range forms the geographic backbone of Lebanon. Stretching from north to south along the coast, it separates the shoreline from the inland regions and shapes the country's climate, agriculture, and patterns of settlement. Its high peaks, deep valleys, and snowy winters created distinct mountain communities, seasonal rhythms, and ways of life adapted to steep terrain and changing weather. From stone villages and terraced fields to cedar forests and ski resorts, the western mountains reflect a long history of interaction between people and landscape. Understanding this region helps explain Lebanon's environmental diversity and the strong cultural connection between the coast and the highlands.

Pre-Reading Questions

1. شو أول شي بيخطر عبالك لما تسمع "جبال لبنان"؟

2. برأيك، الجبال كيف بتأثر على حياة الناس مقارنة بالساحل؟

3. ليه كتار بيفضّلوا السكن أو الاصطياف بالمناطق الجبلية؟

Vocabulary

Read the definitions below. Each one matches a bold word or phrase in the text. Try to guess the terms first, then find them in context as you read. Answers are at the back of the book.

1. أسلوب بناء تقليدي من دون تعقيد، غالبًا من الحجر والخشب

2. أماكن قعدة بتشوف منا المناظر العالية أو الوديان

3. أماكن مخصّصة للرياضات الشتوية، خصوصًا التزلّج عالتلج

4. الأراضي المايلة اللي بتمتد من أعلى الجبل باتجاه الوادي أو الساحل

5. الجزء الأساسي اللي بيدعم شكل المنطقة وبيفصل بين مناطق تانية

6. النباتات اللي بتغطّي الأرض بمنطقة معينة

7. طقس مختلف من منطقة للتانية بفترة قصيرة

8. عمران بلا تخطيط أو ترخيص، غالبًا بيشوّه الطبيعة

9. فصول السنة مبينة وبتتغيّر بشكل ملحوظ

10. مكان آمن الناس بتلجأ إلو بظروف صعبة

عمود لبنان الجغرافي

قرنة السودا

السلسلة الغربية (جبال لبنان)

السلسلة الغربية، المعروفة بجبال لبنان الغربية، بتمتد على طول الساحل من الشمال للجنوب. هالسلسلة بتشكّل العمود الفقري الجغرافي للبلد، لأنّا بتفصل الساحل عن الداخل، وبتخلق خط مرتفع بيأثر على كل شي: المناخ، الزراعة، وحتى نمط حياة الناس.

أعلى قمما قرنة السودا بارتفاع حوالي ٣٠٨٨ متر، وهي أعلى نقطة بلبنان. وجود هالقمم العالية بمساحة صغيرة منحت لبنان طقس فريد، ومشاهد طبيعية متنوعة من التلج الدافي للساحل خلال أقل من ساعة سفر.

التلج والمواسم والمنتجعات

الشتي بجبال لبنان الغربية معروف بتساقط التلج بكميات كبيرة، خاصة على المناطق اللي فوق ١٥٠٠ متر. هالشي خلق مناخ بارد، و**مواسم واضحة**، وفرصة لتطوير **منتجعات تزلّج** بلشت تنتشر من منتصف القرن العشرين.

مزار كفردبيان، الأرز، واللقلوق من أبرز المناطق اللي بتستقبل آلاف الزوار كل سنة. الرياضات الشتوية صارت جزء من هوية الجبل اللبنانية، ومن نقاط القوة السياحية اللي بتميز لبنان عن كتير دول بالمنطقة.

القرى الجبلية: منازل حجرية وتقاليد قديمة

القرى المنتشرة على السلسلة الغربية بتتميز **بهندسة بسيطة**، بيوت حجرية بسقوف حمراء، وشرفات بتطل على الوديان. المناطق الجبلية كانت دايماً **ملجأ** للناس، خاصة بفترات الاضطراب السياسي، وهيدا خلق مجتمع قروي مترابط

مبني على العيلة والعادات.

الطرقات متدرجة، والزراعة كانت تعتمد على التراسات اللي بتقاوم الانحدار. هالمدرجات مش بس تقنية زراعية، هي شكل من أشكال التعايش مع الجغرافيا الصعبة.

التنوع المناخي بين القمم والوديان

السلسلة الغربية بتخلق **مناخات متعددة** بشكل واضح. القمم العالية باردة، وفي كتير منا بيتغطى بالتلج لفترات طويلة. المناطق الوسطى معتدلة، مناسبة للسكن والزراعة، بينما **السفوح** القريبة من الساحل بتشهد طقس دافي معظم السنة.

هالتنوع خلق اختلاف بالمزروعات: التفاح والإجاص بالمناطق العالية، الكرمة واللوز بالمناطق الوسطى، والزيتون والحمضيات أقرب للساحل. كل منطقة الا مواسما ونمط زراعتا الخاص.

غابات الأرز والبيئة الجبلية

جبال لبنان الغربية موطن لأشهر شجرة رمزية بلبنان: الأرز. غابات الأرز القديمة كانت تنتشر بكثافة أكبر قبل قرون، لكن اليوم بقايا موجودة بمناطق محمية متل أرز الرب بأرز بشري، أرز تورين، وأرز الشوف.

الأرز شجرة قوية، بتتحمل البرد والتلج، وبتعيش مئات السنين. وجودا جزء من هوية الجبل، ومن تاريخ لبنان التجاري والثقافي، خاصة لأن الفينيقيين كانوا يستخدموا خشبا لبناء السفن والمعابد.

الحياة اليومية بين الشتي والصيف

سكان الجبل بلبنان متعودين على الاختلاف الكبير بالفصول. بيوتن مجهزة للبرد القاسي، والمدافئ جزء أساسي من كل بيت. بالصيف، الجبل بيصير مقصد للهروب من حرارة الساحل، وبيزداد النشاط السياحي بالمطاعم والمقاهي **والجلسات المطلّة** على القمم.

التنقل بين الساحل والجبل سهل نسبيًا بفضل الطرق الحديثة، وهيدا خلق علاقة يومية بين المنطقتين. بحر بيروت ممكن يكون مليان ناس بالسباحة بنفس اليوم اللي بتكون فيه القمم مغطاية بالتلج.

السلسلة الغربية اليوم: جمال وتحديات

رغم جمال جبال لبنان الغربية، في تحديات كبيرة: حرايق الغابات، تراجع **الغطا النباتي، البناء العشوائي**، وتغيّر المناخ اللي عم يأثر على التلج والمياه.

مع هيك، السلسلة بعدا قلب الهوية الطبيعية للبنان. هي المكان اللي بيوحّد اللبنانيين حول صور التلج، الأرز، والبيوت الحجرية، وهي الرابط بين تاريخ البلد وجغرافيتو المعاصرة.

Comprehension Questions

1. كيف بتأثر السلسلة الغربية على المناخ والزراعة بلبنان؟

2. قديش ارتفاع قرنة السودا تقريبًا؟

3. شو أهم منتجعات التزلّج المذكورة؟

4. كيف اتكوّنت القرى الجبلية وهندستا التقليدية؟

5. ليه كانت المناطق الجبلية ملجأ للناس عبر التاريخ؟

6. شو دور التراسات الزراعية بالقرى؟

7. كيف بيختلف المناخ بين القمم، المناطق الوسطى، والسفوح الساحلية؟

8. شو المزروعات اللي بتميّز كل منطقة من هالمناطق؟

9. ليه غابات الأرز إلا رمزية خاصة بلبنان؟

10. شو أبرز التحديات اللي عم تواجه السلسلة الغربية اليوم؟

Discussion / Essay Prompts

11. شو ممكن نعمل لنحافظ على غابات الأرز والغطا النباتي؟

12. هل في توازن مناسب بين السياحة الجبلية والحفاظ على البيئة؟

13. لو بدك تختار تعيش بالساحل أو بالجبل، أي واحد بتفضّل؟ وليش؟

٥

السلسلة الشرقية وسهل البقاع

Eastern Lebanon is defined by a striking contrast between mountains and plain. Along the border with Syria, the Eastern Mountain Range forms a long, dry barrier, while below it stretches the Beqaa Valley, Lebanon's main agricultural heartland. This geography created a distinct climate, harsher than the coast, and shaped patterns of farming, settlement, and movement across the region. Cities like Zahle and Baalbek grew into cultural, economic, and historical centers, while the valley itself became a vital corridor linking Beirut to the inland Levant. Understanding the Eastern Range and the Beqaa helps explain Lebanon's food production, water challenges, and long standing strategic importance.

Pre-Reading Questions

1. كيف بتتوقّع يكون الفرق بالحياة اليومية بين الجبل والسهل؟

2. برأيك، ليه البقاع معروف إنّو منطقة زراعية أساسية بلبنان؟

3. كيف برأيك المناخ القاسي ممكن يأثر على الناس والزراعة؟

Vocabulary

Read the definitions below. Each one matches a bold word or phrase in the text. Try to guess the terms first, then find them in context as you read. Answers are at the back of the book.

1. أماكن للرعي بتظهر أو بتكون مناسبة حسب الفصل

2. برد قوي بيسبّب تجمّد المي على السطوح والنباتات

3. تنظيم استخدام المي للزراعة والشرب والري

4. سلسلة جبال طويلة ومرتفعة

5. طريق مهم كانت بتقطع من خلالو القوافل أو القوات

6. مكان مهم عسكريًا أو تجاريًا بسبب موقعو الجغرافي

7. منطقة بتجمع بين شكلين طبيعيين مختلفين، متل الجبل والسهل

8. نباتات بتستخدم بالصناعة، مش بس للأكل، متل التبغ والأعشاب

9. نقص بالمياه السطحية والجوفية مع الوقت

10. نقطة بتلتقي فيا طرق مهمة، بتربط مناطق مختلفة

السلسلة الشرقية، الممتدة على طول الحدود مع سوريا، بتشكّل **خط جبلي عالي** وناشف نسبيًا. القمم فيا أقل ارتفاعًا من السلسلة الغربية، بس أطول وأوسع، وبتعمل حاجز طبيعي بين الداخل اللبناني والبادية السورية.

تحت هالسلسلة بيمتدّ سهل البقاع، واحد من أهم المناطق الزراعية بلبنان، وبيشكّل شريط طويل من الخضار والقرى والبلدات، من حدود حمص شمالًا لحدود الجولان جنوبًا. **هالجغرافيا الثنائية،** جبل وسهل، خلقت نمط حياة مختلف عن باقي مناطق لبنان.

مناخ قاسي... وزراعة بتتحدّى

المناخ بالسلسلة الشرقية والبقاع قاري أكتر من الساحل. الصيف حار وجاف، والشتي بارد، مع **صقيع** قوي أحيانًا، وكمية متواضعة من الأمطار. هالظروف بتشبه مناطق الداخل السوري أكتر من الساحل اللبناني.

رغم هالمناخ الصعب، البقاع واحد من أغنى المناطق الزراعية، بفضل تربتو الخصبة والسهل الواسع. القمح، الشعير، البطاطا، العنب، التفاح، وحتى بعض **الزراعات الصناعية** متل التبغ والأعشاب، كلّا مزروعات منتشرة.

الزراعة بالبقاع بتعتمد كتير على الريّ، لأنو الأمطار ما بتكفي. هون بيظهر التحدي الأكبر: **إدارة المياه،** خاصة مع تراجع نبع الليطاني ومشاكل التلوّث.

زحلة: "عروس البقاع" بين الجبل والنهر

زحلة واحدة من أهم مدن السهل. موقعا بين السلسلة الشرقية والغربية خلاها مدينة مفتوحة على التجارتين، وجعلا نقطة وصل بين بيروت والداخل.

معروفة بنهر البردوني اللي بيشقّا، وبمطاعما، وبحياتا الثقافية، وبالشخصية الزحلاوية اللي فخورة بلغتا ولهجتا.

زحلة كمان مركز جامعي، إداري، وتجاري، وفيا تاريخ طويل من الدور السياسي والاجتماعي بالبقاع كلو.

بعلبك: مدينة الشمس وقلب التاريخ

بعلبك واحدة من أقدم المدن المأهولة بالعالم. معابدا الرومانية، خصوصًا معبد جوبيتر وباخوس، بتشهد على عصر ذهبي مرّ على المنطقة. ارتفاعا عن السهل، وقربا من السلسلة الشرقية، عطاها **موقع استراتيجي** عبر التاريخ.

اليوم بعلبك مدينة نابضة بالحياة، فيا أسواق، زراعة، وجامعات، وهي مركز رئيسي بمنطقة بعلبك - الهرمل. مهرجانات بعلبك الدولية حولت المعابد لمسرح عالمي بيجمع بين الفن والتاريخ.

الحياة اليومية في السهل والجبل

البقاع منطقة واسعة، والقرى فيا متباعدة نسبيًا. الحياة اليومية بتتأثر بالمناخ؛ الشتوية قاسية مع صقيع وتلج، والصيف طويل وحرّ.

الناس معروفة بكرما، وتمسكا بالأرض، وعلاقتا القوية بالزراعة. كتير من العيلات بتعيش بين السهل والجبل بنفس الوقت؛ بيوت بالقرى، وأراضي بمناطق الرعي أو على السفوح. السلسلة الشرقية نفسا فيا قرى صغيرة وطرق وعرة، وفيا رعيان بيستفيدوا من **المراعي الموسمية**.

تحديات المياه والإدارة الزراعية

الماي هو التحدي الأكبر بالبقاع. نهر الليطاني أهم مصدر مائي، بس التلوّث والاستخدام الزايد عم يهدد الزراعة والمياه الجوفية.

في مشاريع مستمرة لتنظيم الري وتحسين إدارة المياه، بس الطريق بعدو طويل. الزراعة بلبنان، خصوصًا بالبقاع، مرتبطة مباشرةً بقدرتنا نحافظ على مصادر المياه ونظافتا.

موقع استراتيجي... عبر التاريخ

البقاع كان دايمًا **ممر للتجّار والجيوش**، من أيام الرومان واليونان، مرورًا بالعصر الإسلامي، لحد الدولة العثمانية. موقعو بين دمشق وبيروت خلى المنطقة **مفترق طرق**، وجعلا نقطة حسّاسة سياسيًا لليوم.

خط السلسلة الشرقية نفسو كان عبر الزمن خط مراقبة للحدود، ومع تطوّر الطرق الحديثة صار البقاع بوابة مهمة بين لبنان وسوريا، ومركز لنقل المحاصيل والبضاعة.

البقاع اليوم: تنوّع، إمكانيات، وتحديات

اليوم البقاع مزيج بين القديم والجديد. زراعة تقليدية، تجارة نشطة، جامعات، أسواق، ومجتمع متنوع. بس في تحديات كبيرة متل النزوح، **تراجع مصادر المياه**، الفقر ببعض المناطق، وضعف البنى التحتية.

مع هيك، البقاع والسلسلة الشرقية بعدا قلب لبنان الزراعي. كل موسم حصاد بيذكّر الناس بقيمة هالأرض، وكل قرية على سفح الجبل بتعكس علاقة طويلة بين الإنسان والطبيعة.

Comprehension Questions

1. شو بتميز السلسلة الشرقية مقارنة بالسلسلة الغربية؟

2. كيف شكل سهل البقاع جغرافيًا؟

3. ليه المناخ بالبقاع والسلسلة الشرقية قاسي؟

4. شو أهم المزروعات المذكورة بالنص؟

5. شو سبب تراجع نبع الليطاني؟

6. ليه زحلة تعتبر نقطة وصل بين مناطق مختلفة؟

7. شو اللي بيميز بعلبك تاريخيًا؟

8. شو أبرز مشاكل المي بالبقاع؟

9. ليه البقاع كان دايمًا ممر مهم عبر التاريخ؟

10. شو التحديات اللي عم تواجه البقاع اليوم؟

Discussion / Essay Prompts

1. كيف ممكن نحمي سهل البقاع من التلوّث ونقص المي؟

2. هل البقاع عم يستفيد من موقعو الاستراتيجي، أو لأ؟ فسّر.

3. شو أكتر مدينة بتمثّل البقاع بنظرك: زحلة أو بعلبك؟ وليه؟

٦
الساحل اللبناني والمدن البحرية

Lebanon's coastline is a narrow strip, but it has played an outsized role in the country's history and daily life. Stretching from Akkar in the north to Tyre in the south, the coast includes major cities, ports, markets, and universities, and is home to a large share of the population. The sea has long been a source of livelihood, movement, and memory, shaping fishing, trade, and urban growth. From rocky northern shores to sandy beaches in the south, coastal geography influenced economic activity and cultural life. Understanding the Lebanese coast helps explain the development of its maritime cities, their close relationship with the sea, and the environmental challenges they face today.

Pre-Reading Questions

1. ليه بتتوقّع إنّو أغلب المدن الكبيرة بلبنان موجودة عالساحل؟

2. شو الفرق برأيك بين مدينة ساحلية ومدينة جبلية من ناحية نمط الحياة؟

3. برأيك التلوّث كيف ممكن يغيّر علاقة الناس بالساحل؟

Vocabulary

Read the definitions below. Each one matches a bold word or phrase in the text. Try to guess the terms first, then find them in context as you read. Answers are at the back of the book.

1. أماكن صغيرة بيشتغل فيا حرفيين بأعمال يدوية

2. ازدحام وبناء كتير قريب من بعضو

3. تاريخ وتجارب الناس

4. تعبئة البحر بالتراب أو الصخور بدون إذن رسمي

5. حصن مبني مباشرة على البحر لحماية المرفأ

6. طريقة عيش مرتبطة بحركة البحر ونشاطاتو

7. كمية وأنواع السمك الموجودة بمنطقة معينة

8. مراكب قديمة مصنوعة بطرق محلية

9. منطقة ضيقة بتمتد بمحاذاة البحر

10. منطقة محمية للحفاظ على الطبيعة والحيوانات

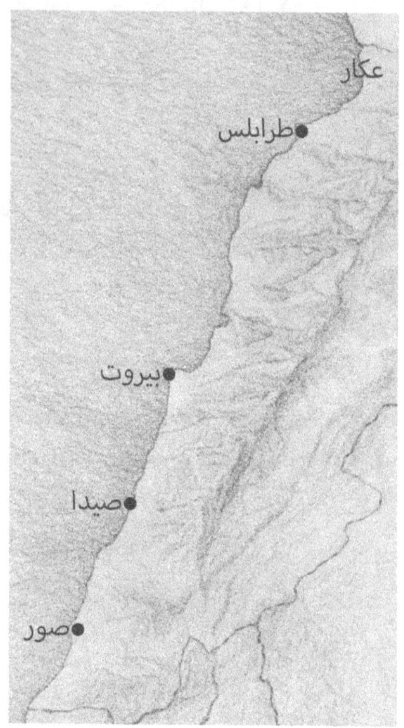

الساحل اللبناني بيمتدّ على مسافة حوالي ٢٢٥ كيلومتر، من عكّار شمالاً لصور جنوبًا. رغم إنو **الشريط الساحلي** ضيّق، بس بيضم نسبة كبيرة من السكان، ومدن رئيسية، ومرافئ، وأسواق، وجامعات. البحر هون مش منظر بس، هو مصدر رزق، و**ذاكرة**، وطريقة عيش.

الساحل بيتنوّع بين مناطق صخرية، خصوصًا بالشمال، ومناطق فيا شواطئ رملية متل صور. هالتنوع خلق أنشطة مختلفة: صيد السمك، السباحة، النقل البحري، والتجارة.

طرابلس: مدينة البحر والحِرَف

طرابلس، تاني أكبر مدينة بلبنان، مدينة بحرية بامتياز. مرفأ قديم، وكان عبر التاريخ نقطة عبور مهمة بين الساحل والداخل.

اليوم طرابلس معروفة بأسواقا القديمة، **بورش الحِرَف**، وبمينة الميناء اللي بعدا مركز للصيّادين. الصيد بطرابلس مهنة عريقة، وفي عيل معروفة بتمارسا من أجيال.

كمان المدينة بوابة للشمال وللجبل، وهيدا عطاها خليط ثقافي واجتماعي مميز.

صيدا: مينا قديم وروح تجارية

صيدا واحدة من أقدم المدن الساحلية بالعالم. كانت مركز تجاري للفينيقيين،

وفيا بُنيت مراكب ضخمة عبرت المتوسط.

اليوم، المرفأ بعدو قلب المدينة: قوارب صيد صغيرة، أسواق سمك، وورش بحرية. **القلعة البحرية**، المبنية بالقرون الوسطى، بعدا شاهدة على تاريخ البحر والقلاع والرحلات.

صيدا مدينة تجارية، ناسا عندن علاقة قوية بالبحر وبالأسواق، وبينسّقوا دايمًا بين الحداثة وتراث المرفأ.

صور: الشاطئ الرملي وذاكرة الفينيقيين

صور مدينة استثنائية. شاطئا الرملي من الأطول بلبنان، و**محمية صور الطبيعية** من أهم المناطق البيئية بالساحل.

صور كانت مركز بحري ضخم بالفترة الفينيقية، ومنا خرج تجار وملاحين أسّسوا مدن على سواحل بعيدة. هالهوية البحرية بعدا واضحة اليوم، من خلال المرفأ القديم، ومراكب الصيادين، وحركة الناس اللي عايشة على **إيقاع البحر**.

كمان آثار صور، خصوصًا الملعب الروماني، بتذكّر بمرحلة كانت فيا المدينة من أقوى مدن المتوسط.

الحياة اليومية على الساحل

القرب من البحر خلق نمط حياة خاص. الصبح، الصيادين بينزلوا بشباكن، وبالليل الأسواق بتبيع السمك الطازة. المقاهي والمطاعم منتشرة عالكورنيش ببيروت، بجبيل، وبصيدا، وبتشكّل مساحة لالتقاء الناس.

كتير عيل ساحلية علاقتا بالبحر روحانية تقريبًا: البحر بيعطي رزق، وبيهدّي الأعصاب، وبيشكّل رفيق يومي.

وبالمقابل، في مناطق بتعاني من **عجقة وبناء عشوائي** على الشاطئ، مما غيّر شكل الساحل الطبيعي.

تجارة ومرافئ بين الماضي والحاضر

المرافئ اللبنانية لعبت دور أساسي عبر التاريخ: تجارة خشب الأرز، الزجاج، الأصباغ، والمنتجات الزراعية.

بيروت اليوم أكبر مرفأ تجاري، بيستقبل بضاعة من كل العالم رغم التحديات اللي مرّ فيا، خصوصًا بعد انفجار ٢٠٢٠.

مرفأ طرابلس عم يتوسع تدريجيًا، وصار محطة مهمة للتجارة مع الداخل السوري. المرافئ الصغيرة متل صور وصيدا بعدا ناشطة بالصيد، وبحركة **القوارب التقليدية**.

التلوّث وتراجع المساحات الطبيعية

رغم أهمية البحر، الساحل اللبناني بيعاني من تلوّث كبير:

- صرف صحي غير معالج

- نفايات على الشواطئ

- **ردم غير قانوني**

- تراجع المساحات الرملية

هالتحديات أثّرت على **الثروة السمكية**، وعلى صحة البحر، وعلى السياحة. في مشاريع لتأهيل بعض المناطق، بس الطريق بعدو طويل، وبيحتاج لسياسات واضحة وإدارة بيئية قوية.

الساحل اليوم: ذاكرة وتراث وإمكانيات

الساحل اللبناني اليوم مزيج بين الماضي والحاضر:

أسواق قديمة، مرافئ ناشطة، مطاعم حديثة، ومناطق طبيعية بعدا محافظة على جمالا.

طرابلس، صيدا، وصور كل وحدة عندا نكهتا الخاصة، بسّ هني بيشتركوا بعلاقة قديمة مع البحر: علاقة تجارة، هجرة، صيد، وأحيانًا معارك.

الساحل مساحة صغيرة، بس دورو كبير بتاريخ لبنان وهويّتو.

Comprehension Questions

1. قديش طول الساحل اللبناني تقريبًا؟

2. ليه رغم ضيق الساحل بيستوعب عدد كبير من السكان؟

3. شو الأنشطة اللي خلقا تنوّع الساحل بين الصخور والرمل؟

4. ليه طرابلس تعتبر مدينة بحرية مهمة؟

5. كيف حافظت طرابلس على دور الصيد؟

6. شو اللي بيخلي صيدا مدينة تاريخية بحرية؟

7. شو اللي بيميز صور عن باقي المدن الساحلية؟

8. كيف بتنعكس العلاقة اليومية مع البحر على حياة الناس؟

9. ليه التلوّث مأثر على السمك والسياحة؟

10. كيف مرفأ بيروت وطرابلس بيلعبوا دور اقتصادي اليوم؟

Discussion / Essay Prompts

1. برأيك، المدن الساحلية لازم تحافظ أكتر على تراثا البحري أو تمشي باتجاه الحداثة؟ وليه؟

2. شو الحل الواقعي لمشكلة التلوّث على الساحل؟

3. لو كان لازم تختار مدينة ساحلية لبنانية لتعيش فيا، أي وحدة بتختار؟ وليش؟

٧

الأنهار والمي بلبنان: الليطاني، العاصي، ونهر بيروت

Rivers and water resources play a crucial role in Lebanon's geography, agriculture, and seasonal rhythms. Although Lebanese rivers are relatively short, their flow from the mountains to the plains shapes farming, settlement, and daily life. Rivers such as the Litani, the Orontes, and the Beirut River support irrigation, industry, and urban growth, while also reflecting the country's growing environmental pressures. Seasonal variation, pollution, and water storage have made water management one of Lebanon's most urgent challenges.

Understanding the country's rivers helps explain how land, climate, and human activity remain closely connected.

Pre-Reading Questions

1. ليه بتتوقّع إن الأنهار رغم قصرا بلبنان عندا هالنفوذ الكبير بحياة الناس؟

2. برأيك، شو أكتر نهر سامع عنّو أو شايفو، وشو بيميزو؟

3. شو رأيك بمشاريع السدود؟ حل ضروري أو في مشاكل أكبر وراها؟

Vocabulary

Read the definitions below. Each one matches a bold word or phrase in the text. Try to guess the terms first, then find them in context as you read. Answers are at the back of the book.

1. الارتفاع أو الكمية المتوفرة من المَي بمكان معيّن

2. المسار اللي بتمشي فيه المَي من المنبع للمصب

3. ترميم وتحسين منطقة متضررة لرجوع حالتا الطبيعية

4. جمع المَي بأحواض أو سدود لفترات الجفاف

5. سحب مَي الآبار أكتر من قدرتا تتجدد

6. مجرى مصبوب بإسمنت بدل الطبيعة

7. محلات بتنبع منا المَي طبيعي من الجبل أو الأرض

8. مواد لرشّ الزراعة بهدف حماية المحاصيل من الحشرات

9. مَي المجارير اللي لازم تنعالج قبل ما تنزل بالطبيعة

10. وسخ ناتج عن معامل ومصانع بينزل بالأنهار

أنهار بتغذّي الأرض وبتحكم المواسم

أنهار لبنان قصيرة نسبيًا، بس تأثيرا أساسي على الزراعة، توزيع السكان، وحياة القرى والسواحل. أغلبا بتنبع من السلاسل الجبلية، وميّتا بتقوى مع ذوبان التلج وبأشهر الشتوية، وبتنخفض بشكل كبير بالصيف. هالتفاوت بالمواسم خلق حاجة دايمة لإدارة دقيقة للمي، ولتنظيم الريّ والزراعة على مدار السنة.

نهر الليطاني: العمود المائي للبقاع الجنوبي

الليطاني أطول نهر ضمن الحدود اللبنانية، ومن أهم المصادر المائية للريّ. بينبع من البقاع الشمالي وبيمرّ بمناطق زراعية واسعة قبل ما يكمل باتجاه القاسمية شمال صور.

نهر الليطاني شكّل أساس تطور سهل البقاع، خاصة بمحاصيل البطاطا، القمح، الكرمة، وبعض الزراعات الصناعية.

مع مرور الوقت، تراكمت مشاكل **التلوّث** من مصانع ومجارير، وضعُفت نوعية المي. ورغم وجود خطط للمعالجة، التنفيذ متقطّع، وهالشي خلى إدارة الليطاني من أكبر التحديات البيئية بالبلد.

نهر العاصي: مجرى فريد واتجاه معاكس

نهر العاصي بينبع من مناطق راس بعلبك وبيمتد شمالًا باتجاه حمص، وهو واحد من الأنهار القليلة بالمنطقة اللي مجراها من الجنوب للشمال.

بمنطقة الهرمل، بيلعب العاصي دور مهم بالزراعة والسياحة، خاصة الرياضات المائية. ميّتو عادة أنضف من نهر الليطاني لأن مناطق مرورو أقل ازدحام، ومنبعو جبلي.

على امتداد تاريخو، كان العاصي ممر للزراعة والتجارة بين الداخل السوري والمناطق اللبنانية الشرقية.

نهر بيروت: مجرى طبيعي صار ممر إسمنتي

نهر بيروت بينطلق من السفوح الغربية، وكان زمان يمرّ بين بساتين وقرى، قبل ما يتحوّل مع توسّع العمران لمجرى محصور **بقنوات إسمنتية**.

تكدّس النفايات والصرف غير المعالج أدى لارتفاع مستويات التلوّث. اليوم في مبادرات **لإعادة تأهيل** ضفاف النهر وتحويل أجزاء منو لمساحات خضراء عامة، بس أغلب المشاريع بعدا بمرحلة التخطيط.

السدود ومحاولات تخزين المي

التفاوت الكبير بين مواسم الشتي والصيف دفع لتطوير مشاريع سدود بهدف تخزين المي. من أشهرا:

- سد القرعون على الليطاني

- سد شبروح بكسروان

- سد بسري اللي توقف بعد نقاش بيئي واسع

كتير من السدود واجهت مشاكل مرتبطة بالتلوّث، أو بالتبخّر، أو بالخلافات إذا لازم تنبنى.

مع هيك، الحاجة لوسايل تخزين وتجميع المي بعدا قائمة، خصوصًا مع تغيّر المناخ وتراجع المتساقطات التلجية.

الزراعات اللي بتعتمد على مجاري المي

الزراعة بمناطق واسعة من لبنان مرتبطة مباشرةً بالأنهار.

- البقاع: الليطاني عنصر أساسي لزراعات واسعة.

- الجنوب: مياه القاسمية دعمت الحمضيات والموز.

- الشمال: نهر أبو علي كان يغذي جزء من الأراضي قبل تراجع **منسوبو.**

الصيف القاسي خلق اعتماد متزايد على الآبار الجوفية، وهالشي عم يهدد المخزون المائي وعم يغيّر طبيعة الأرض الزراعية.

التلوّث وتراجع النوعية

واقع الأنهار اليوم بيعكس ضغط كبير:

- **صرف صحي** غير معالج

- نفايات صلبة

- مخلفات المصانع

- **مبيدات زراعية** بكميات كبيرة

- ردم عشوائي

هالعوامل أثّرت على صحة الناس، جودة المي للريّ، وحتى على الثروة السمكية بالساحل.

طرق جديدة لإدارة المي وحماية الأنهار

في مبادرات محلية وجمعيات بيئية عم تشتغل على تنظيف المجاري، وإعادة تأهيل **الينابيع،** ونشر وعي حول الاستخدام المسؤول للمي.

كمان في مشاريع لدعم شبكات الصرف وتنظيم **استخراج المي الجوفية،** بالإضافة لاعتماد الطاقة الشمسية للريّ ببعض المناطق.

بس مستقبل الأنهار مرتبط بقرارات أوضح، وسياسات طويلة الأمد، وتعاون فعلي بين البلديات، المؤسسات، والمزارعين.

Comprehension Questions

1. ليه أنهار لبنان رغم عندا قصرا تأثير كبير؟

2. من وين بينبع نهر الليطاني؟

3. شو المشاكل اللي عم يواجها الليطاني اليوم؟

4. شو اللي بيميز مجرى نهر العاصي؟

5. ليه مَيّ العاصي عادة أنضف من الليطاني؟

6. كيف تغيّر نهر بيروت مع التمدد العمراني؟

7. شو الهدف الأساسي من مشاريع السدود؟

8. ليه سد بسري توقّف؟

9. كيف أثّر الجفاف عالاعتماد على الآبار؟

10. حسب النص، شو المطلوب لتحسين وضع الأنهار بالمستقبل؟

Discussion / Essay Prompts

1. هل بتشوف إنو السدود هي الحل، أو في بدايل تانية؟

2. كيف ممكن نرجّع الأنهار أماكن طبيعية نضيفة للناس؟

3. شو خطوة بسيطة فيك تعملا بحياتك اليومية للحفاظ على المَيّ؟

٨

الغابات والمحميات الطبيعية

Lebanon's forests and natural reserves represent an important part of the country's environmental and cultural heritage. Despite the country's small size, its varied geography and climate support a wide range of tree species, from cedar and fir at high elevations to pine, oak, and juniper in lower regions. These forests play a vital role in protecting soil, regulating water cycles, and preserving biodiversity. At the same time, fires, urban expansion, and illegal logging have greatly reduced forest cover over recent decades. Understanding Lebanon's forests and reserves helps explain both the richness of its natural landscapes and the challenges of protecting them for the future.

Pre-Reading Questions

1. برأيك، الغابات بلبنان بعدا جزء مهم من الهوية؟ أو فقدت دورا؟

2. كيف بتشوف تأثير العمران والحرايق على الغابات؟

3. هل سبق وزرت غابة أرز أو محمية؟ كيف كانت التجربة؟

Vocabulary

Read the definitions below. Each one matches a bold word or phrase in the text. Try to guess the terms first, then find them in context as you read. Answers are at the back of the book.

1. العلاقة بين المي، الأرض، والطقس وتأثيرا على الطبيعة

2. بتمنع التراب من الانجراف

3. بينمو بالمناطق الجبلية المرتفعة

4. جذور الشجر بتفوت جوّا الصخر وبتثبت فيه

5. زيادة البناء والبيوت على حساب الطبيعة

6. محافر حجرية بتقصّ الصخور وبتأثر على البيئة

7. مناطق فيا أشجار أرز بكثافة

8. مناطق مليانة أشجار وطبيعة كثيفة

9. منطقة مليانة أشجار قريبة من بعضا وغطا أخضر كبير

10. وسايل لمتابعة ومنع التعدّي على الطبيعة

غنى طبيعي... رغم المساحة المحدودة للغابات

لبنان فيه مجموعة متنوعة من الغابات **والمناطق الحرجية**، منتشرة بين الجبل والسهل. الأشجار بتختلف حسب الارتفاع والمناخ؛ من أرز ولزاب بالمناطق العالية، لعرعار وصنوبر وسنديان بالمناطق الوسطى والمنخفضة.

الغابات جزء أساسي من هوية البلد، ومن **دورة المي والتربة والمناخ**. ومع هيك، انتشارا تراجع خلال العقود الأخيرة بسبب الحرايق، **التوسّع العمراني**، والقطع غير الشرعي.

غابات الأرز: رمز الوطن وجزء من الذاكرة

الأرز هو الشجرة الأكتر ارتباطاً بلبنان. **بينبت على ارتفاعات عالية**، وبيتحمل التلج والبرد، وبيعيش ميات السنين.

أشهر غابات الأرز اليوم موجودة بمناطق محمية متل:

أرز

- أرز الرب - بشري

- أرز تنورين

- أرز الشوف

هالغابات هي بقايا من **غابات أرز** كانت تمتدّ أوسع بكتير بالعصور القديمة. خشب الأرز كان مطلوب بالعالم القديم، وهيدا خلّى أجزاء كبيرة منا تنقطع عبر الزمن.

العرعار واللزاب: أشجار الجبل القاسية

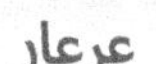

العرعار (أو العرعر) بينتشر بالسلسلة الشرقية والغربية على ارتفاعات عالية. هو شجر قاسي، بيتحمل الجفاف والبرد، **وجذورو بتتغلغل بالصخور.**

عرعار

اللزاب كمان من الأشجار النادرة والمميزة، موجود بمناطق متل الهرمل والضنية وبعض سفوح السلسلة الغربية.

هالأشجار بتعطي الجبل طابع بريّ، وبتساهم **بتثبيت التربة** وبحماية الينابيع.

لزاب

محمية أرز الشوف: أكبر مساحة محمية بلبنان

محمية أرز الشوف الحيوية من أهم النماذج الناجحة بإدارة الغابات بلبنان. بتمتد من نيحا جنوبًا لحد المعاصر وبشرّي شمالًا، وبتشكّل أكبر مساحة غابات أرز متّصلة.

المحمية فيا مسارات للمشي، تنوع نباتي وحيواني، وبرامج لإعادة زراعة الأرز.

كمان فيا تنوّع رهيب بالنباتات البرية، وفيا حياة برية متل الذئاب، الضباع المخططة، وابن آوى.

محمية حرش إهدن: تنوّع بيئي نادر

حرش إهدن شمالًا واحد من أهم المحميات الطبيعية، وفيه <u>غابة سنديان كثيفة</u>، أرز، لزاب، وكتير نباتات ما بتنوجد إلا بهالمنطقة.

المحمية بتتميز بوجود حيوانات نادرة، ومساحات باردة رطبة مقارنة بمحيطا، وبتشكّل جزء أساسي من شبكة التنوع البيولوجي بالجبال الشمالية.

سنديان

الحياة البرية: بين الوجود والانحسار

الحياة البرية بلبنان كانت أغنى بكتير عبر التاريخ. اليوم بعدا موجودة، بس بحدود:

- الذئب العربي

- الضبع المخطط

- ابن آوى

- تيارات من الطيور المهاجرة

- قنافذ، ثعالب، وأرانب

لكن توسّع الطرق **والكسارات** والصيد العشوائي أثّر بشكل كبير على هالثروة.

خطر الحرايق وإعادة التشجير

الحرايق واحدة من أكبر المخاطر على الغابات اللبنانية. الصيف الحار، الإهمال، والحرايق المفتعلة كلّا عوامل بتدمّر مساحات واسعة بساعات قليلة.

بعد كل حريق، بتبدأ مبادرات لإعادة التشجير، بس الأشجار الجبلية بحاجة لعقود لتستعيد نموًّا.

التغيّر المناخي عم يزيد من حدّة المشكلة، لأنّ المواسم عم تصير أطول حرارة وأقل مطر.

جهود الحماية والمستقبل

في مبادرات محلية ومحميات رسمية عم تشتغل على حماية الغابات:

- منع الرعي غير المنظّم
- حماية ينابيع المياه
- منع الصيد
- مراقبة الحرايق
- حملات تشجير

المجتمع المدني بيلعب دور كبير، خصوصًا بالمحميات اللي تُدار بالشراكة بين

الجمعيات والدولة.

ومع إن التحديات كبيرة، الغابات اللبنانية بعدا قادرة تتعافى إذا استمرت برامج الإدارة الصحيحة، وتطوّرت **آليات مراقبة التعديات.**

Comprehension Questions

1. شو السبب الرئيسي لتراجع الغابات بلبنان خلال العقود الأخيرة؟

2. ليه الأرز مرتبط بهوية لبنان؟

3. بأي مناطق موجودة أهم غابات أرز اليوم؟

4. شو بيميز شجر العرعار واللزاب عن باقي الأشجار؟

5. ليه محمية أرز الشوف تعتبر نموذج ناجح بالإدارة؟

6. شو اللي بيميز حرش إهدن عن باقي المحميات؟

7. شو أنواع الحيوانات اللي بعدا موجودة رغم الانحسار؟

8. شو تأثير تغيّر المناخ على الغابات اللبنانية؟

9. شو أبرز الممارسات اللي عم تدمّر الغابات؟

10. حسب النص، شو اللي ممكن يخلّي الغابات تتعافى؟

Discussion / Essay Prompts

1. برأيك، شو دور المدارس والمجتمع المحلي بحماية الغابات؟

2. كيف ممكن يصير في توازن بين السياحة والمحافظة على الطبيعة؟

3. شو المبادرات الصغيرة اللي فينا نعملا لنخفف الحرايق؟

٩

المناخ المتنوع والمواسم الأربعة

Lebanon is known for its striking climatic diversity, shaped by the close distance between the coast, the mountains, and inland regions. Changes in elevation and exposure to the Mediterranean create sharp differences in temperature, rainfall, and humidity, sometimes within the same day. This variation produces four distinct seasons that strongly influence agriculture, food traditions, daily routines, and tourism. From snowy mountain winters to humid coastal summers, climate plays a central role in how people live, move, and plan throughout the year. Understanding Lebanon's climate helps explain its seasonal rhythms and the growing challenges linked to environmental change.

Pre-Reading Questions

1. بأي فصل بتحسّ إنو لبنان بأجمل حالاتو؟ وليه؟

2. برأيك، تغيّر المناخ عم يغيّر مواسم لبنان؟

3. هل بتتغيّر عاداتك اليومية بحسب الفصل؟ كيف؟

Vocabulary

Read the definitions below. Each one matches a bold word or phrase in the text. Try to guess the terms first, then find them in context as you read. Answers are at the back of the book.

1. اختلافات واضحة بين مناطق قريبة من بعضا من حيث الحرارة، الرطوبة، ونمط المطر

2. التغيّر بمستوى العلوّ بين منطقة وأخرى وتأثيره على الطقس

3. المرحلة اللي بتبلّش فيا المزروعات تكبر وتتطوّر

4. تبدّلات ملحوظة بأنماط الطقس مقارنة بالسابق

5. حرارة لا مرتفعة ولا منخفضة بشكل حاد

6. عامل ضروري لتغذية مصادر المي الطبيعية

7. فترات طويلة من درجات حرارة مرتفعة بشكل غير اعتيادي

8. فترة وسط بين فصلين بتتغيّر فيا الظروف تدريجيًا

9. كمّية بخار المي الموجودة بالهوا واللي بتأثّر على الإحساس بالحرارة

10. نمط أكل مرتبط بتغيّر الفصول وتوفّر المنتجات

مناخ بيتغيّر كل بضعة كيلومترات

لبنان معروف بتنوّع مناخو بشكل لافت. المسافة القصيرة بين الساحل والجبل، ووجود سلسلتين جبليتين متوازيتين، بيخلقوا **فروقات كبيرة** بالحرارة **وبالرطوبة** وبنمط المطر. بنفس النهار ممكن تكون الشمس قوية عالكورنيش ببيروت، بينما التلج عم يغطي القمم بكفرديان. هالاختلاف السريع بين المناطق هو نتيجة مباشرة **لاختلاف الارتفاع** واتجاه الجبال، بالإضافة لتأثير البحر المتوسط اللي بيلطّف المناخ على السفوح الغربية.

الشتي بين تلج الجبال ودفا الساحل

فصل الشتي بيبلش عادة بآخر تشرين وبيقوى بكانون. المناطق الساحلية بتشهد أمطار غزيرة مع **درجات حرارة معتدلة**، بينما الجبال بتتحول لمناطق بيضا، والتلج أحيانًا بيوصل لارتفاعات منخفضة.

الشتي مش بس موسم مطر، هو **عنصر أساسي بموارد المي**؛ التلج اللي بيتراكم بالجبال هو الخزان اللي بيروي الينابيع والأنهار باقي السنة. ولهيك بيتابع اللبنانيين باستمرار أخبار العواصف وتراكم الثلوج، لأنّ الموضوع مرتبط مباشرة بالشرب والزراعة.

الربيع: موسم الخضار والزهور وعودة الحياة

الربيع بيوصل بسرعة بعد برد الشتي ، وبيتحوّل الجبل لسجاد أخضر مع أزهار برية على كل السفوح. هالفترة قصيرة نسبيًا، بس إلا تأثير كبير على المزروعات، لأنّا المرحلة اللي بتنطلق فيا **دورة النموّ**.

الهوا بيكون نضيف ومنعش، والمطر بيخفّ تدريجيًا. كتير عيلات بتستغل هالفصل للمشي بين القرى الجبلية وزيارة الوديان اللي بتكون بأجمل حالاتا.

الصيف: حرارة الساحل وبرودة الجبل

الصيف طويل وجاف، خصوصًا من حزيران لآخر أيلول. الرطوبة بتكون عالية عالساحل، وهيدا بيدفع كتير من السكان ليطلعوا للجبل، لأنو الهوا أبرد وأنشف.

المقاهي والمطاعم بتفتح على الشرفات والسطوح، والقرى بتصير مليانة حياة، خاصة المسافرين اللي بيرجعوا ليقضّوا الصيف عند أهلن.

بالجبل، الليل بيضلّ بارد نسبيًا، وكتير ناس بيناموا بلا مكيّف، بينما الساحل بيضلّ بحاجة لتبريد بسبب الحرارة والرطوبة.

الخريف: موسم القطاف وتبدّل الألوان

الخريف بلبنان فصل هادي وجميل. درجات الحرارة بتنخفض، والجبال بتتحوّل لألوان صفرا وبرتقالية. هالفترة هي وقت قطاف الزيتون، وقطاف العنب المتأخر، وتحضير المؤن التقليدية متل دبس العنب والزيت البلدي.

الخريف كمان فترة بترجع خلالا الرياح الباردة، وبيبلش اللبناني يشعر إنّو الشتي قريب. هي **مرحلة انتقالية** بتأثّر على النمط الزراعي وعلى حركة القرى.

الغذاء والمواسم: علاقة مباشرة بين الطقس والمائدة

المناخ المتنوع خلق **نظام غذائي موسمي**. كتير خضار وفواكة بتظهر فقط بفترات محددة: المشمش والكرز بالربيع، التين والعنب بالصيف، والتفاح والسفرجل بالخريف.

الأطباق الشعبية مرتبطة بالمواسم: الفريكة بعد حصاد القمح، الكشك قبل برد الشتي ، والزيت الجديد بعد قطاف الزيتون.

حتى الحياة الاجتماعية بتتأثّر؛ جلسات الصيف بتكون برا على الشرفات، أما

الشتي فمخصص للسهرات الطويلة حد الدفاية.

تأثير المناخ على المدن والسياحة

السياحة بلبنان مرتبطة بشكل مباشر بتغير المواسم. بالصيف، الساحل بينشّط بسبب السباحة والمهرجانات.

بالشتي، المناطق الجبلية بتستقبل محبّي التزلج والتلج. هالتنوع المناخي خلا النشاط السياحي موزّع على مدار السنة، من غوص وصيد على الساحل، لتسلّق ومشي بالجبل، لمنتجعات التزلج بأعلى القمم.

بيروت تحديدًا بتستفيد من قربا للبحر والجبل بنفس الوقت، وهيدا جزء من سبب فرادة نمط الحياة فيا.

تغيّر المناخ والتحديات الجديدة

خلال السنوات الأخيرة، ظهرت **تغيّرات واضحة**: الشتي صار أقصر، **موجات الحر** أطول، والتلج عم يقلّ ببعض المواسم. هالتغيّر عم يضغط على الزراعة، وعلى موارد المي، وعلى الغابات اللي عم تتعرّض لحرايق أكتر من السابق.

رغم هالتحديات، بعد في مناطق بتحتفظ بنمط المناخ التقليدي، وما زال التنوّع المناخي جزء أساسي من هوية لبنان الطبيعية.

Comprehension Questions

1. شو السبب الأساسي لاختلاف المناخ بين الساحل والجبل؟

2. بأي أشهر عادةً ببلش الشتي بلبنان؟

3. ليه التلج بالجبال مهم لمصادر المي؟

4. ليه الناس بتطلع على الجبل بالصيف؟

5. شو اللي بيميز الليل بالمناطق الجبلية بالصيف؟

6. ليه الخريف مهم للزراعة والغذاء؟

7. شو الفواكه اللي بتكون مرتبطة بفصل الخريف؟

8. كيف بتنعكس المواسم على الأطباق الشعبية؟

9. بأي فصل بتنشط السياحة الساحلية؟

10. كيف بيتأثر لبنان بتغيّر المناخ حسب النص؟

Discussion / Essay Prompts

1. شو أكتر فصل بتحبّه، وليش؟ شو الإحساس اللي بيعطيك ياه هالفصل؟

2. ببلدك أو بمدينتك، كيف بتتغيّر حياتك بين الصيف والشتي؟ شو الفرق الأكبر بالنسبة إلك؟

3. من بين فصول لبنان الأربعة، أي فصل بيشدّك أكتر وبيبان إلك الأكتر جاذبية شخصيًا، وليش؟

المدن الكبرى خارج بيروت

Beyond Beirut, Lebanon is shaped by a network of major cities that play key social, economic, and cultural roles. Spread across the coast, mountains, and inland plains, these cities reflect the country's geographic diversity and complex history. Each developed in relation to its location, whether as a port, a market town, or a regional center linking villages to wider trade and services. From Tripoli in the north to Sidon, Tyre, Baalbek, and Zahle, these urban centers help structure daily life, migration, and regional identity. Understanding Lebanon's major cities outside the capital offers a clearer picture of how the country functions as a whole.

Pre-Reading Questions

1. برأيك، شو اللي بيخلّي مدينة معيّنة تصير مركز أساسي بمحافظة أو بمنطقة؟

2. كيف ممكن الموقع الجغرافي يغيّر شخصية المدينة ولهجتا؟

3. إذا كنت رح تختار تعيش بغير بيروت، أي مدينة بتختار؟ وليش؟

Vocabulary

Read the definitions below. Each one matches a bold word or phrase in the text. Try to guess the terms first, then find them in context as you read. Answers are at the back of the book.

1. أساسي وبيشكل نقطة وصل أو تأثير مهم

2. أسواق تقليدية مغطّاة، كانت مركز تجارة وحياة يومية

3. التركيبة الاجتماعية للناس من عادات، طوايف، وأنماط عيش

4. تبادل بضاعة وخدمات بطريقة مستمرة وكثيفة

5. تغيّر بشكل البناء وتنظيم المدينة مع الوقت الحديث

6. علاقة مباشرة بين المدينة والزراعة المحيطة فيا

7. مباني قديمة كانت تُستخدم للتجارة، الاستراحة، وتخزين البضايع

8. مدينة بعيدة عن الساحل ومتمركزة داخل اليابسة

9. مكان بيلعب دور ربط بين مناطق أو مسارات مختلفة

10. نمو سريع بالبناء والمناطق السكنية خلال فترة قصيرة

مدن بتشكّل خريطة لبنان الاجتماعية والاقتصادية

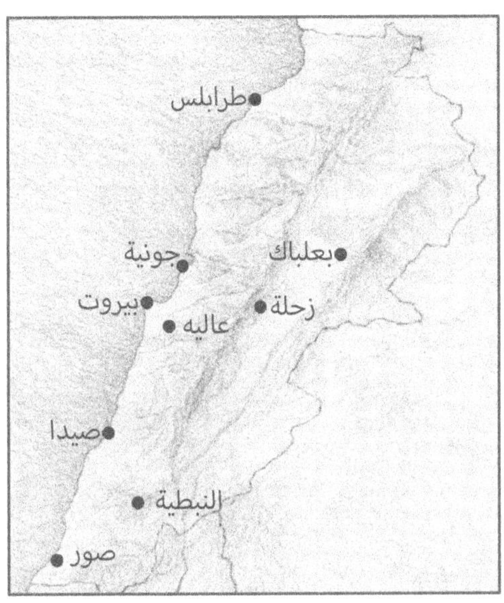

بعد بيروت، تنتشر بلبنان مجموعة مدن كبيرة، كل واحدة فيا تاريخ خاص، ولهجة مختلفة، ودور اقتصادي واجتماعي مميز. هالمدن منتشرة بين الساحل والداخل والجبل، وبتعكس تنوّع البلد وتركيبتو المعقّدة. من طرابلس شمالاً لصيدا وصور جنوبًا، ومن بعلبك بزحمة البقاع لجونية وعاليه بجبال جبل لبنان، كل مدينة عندا هويّة بتجمع بين الماضي والحاضر، وبين التراث **والتحوّل العمراني الحديث.**

بهالوحدة، مندخل على أبرز هالمدن، منشوف موقعا، **نسيجا الاجتماعي،** ديناميكيتا الاقتصادية، والطريقة اللي بتساهم فيا بصياغة وجه لبنان العام.

طرابلس: عاصمة الشمال ومدينة التاريخ العميق

طرابلس، أكبر مدينة بلبنان بعد بيروت، موقعا على الساحل الشمالي عطاها دور تجاري مهم من أيام المماليك للانتداب الفرنسي. المدينة بتجمع بين **أسواق مسقوفة، خانات** قديمة، جامع المنصوري الكبير، وأحيا بحرية متل المينا.

النسيج الاجتماعي متنوع، وفيا مدارس وجامعات ومرفأ بيخدم الشمال كلو. رغم التحديات، طرابلس بعدا مركز ثقافي ناشط، ومدينة عم تحاول ترجع تستفيد من رصيدا التاريخي والعمراني.

صيدا: مدينة بحرية بتنبض تجارة وتراث

صيدا، تالت أكبر مدينة، عندا موقع **محوري** بالساحل الجنوبي. تاريخا الجذري بيرجع للفينيقيين، وبعدو ظاهر بأسوارا، القلعة البحرية، والخانات القديمة.

هويتا اليوم مزيج بين أسواق شعبية، **حركة تجارية ناشطة**، مرفأ شغّال، ومراكز تعليمية وخدماتية بتخدم الجنوب. ومع تطور المناطق الحديثة، بقيت المدينة القديمة قلب للتراث والحرف.

بعلبك: مدينة السهل والآثار الضخمة

بعلبك، كبرى مدن البقاع الشمالي، موقعا بوسط السهل عطاها دور زراعي وتجاري مهم. بس شهرتا الأكبر جاية من معابدا الرومانية، اللي بتجذب زوار من كل العالم، ومن مهرجان بعلبك الدولي.

المدينة فيا حياة محلية غنيّة: أسواق قديمة، أحيا ممتدة على أطراف السهل، **وارتباط قوي بالزراعة** والصناعات الغذائية. بعلبك مدينة بتجمع بين التاريخ

العالمي والواقع الريفي اليومي.

صور: مدينة أثرية وشاطئ طويل

صور من أبرز مدن الجنوب، معروفة بآثارا الفينيقية والرومانية، وبساحلا الرملي الطويل. المرفأ التقليدي بعدا نقطة أساسية للصيادين، والمدينة القديمة بشوارعا الضيقة بتعطيا طابع خاص.

اقتصاد صور مرتبط بالسياحة الصيفية، بالصيد، وبالريف الزراعي اللي حواليا. هويتا مدينة هادية، بحرية، ممتدة بين تاريخ عميق وحياة ساحلية معاصرة.

النبطية: قلب الجنوب الداخلي

النبطية **مدينة داخلية**، بعيدة عن الساحل، بس موقعا بين القرى الجنوبية عطاها دور إداري واجتماعي مهم. سوق الاثنين الشهير جزء من هويتا، والمدينة نشطة بالتجارة، التعليم، والخدمات.

الهجرة من القرى المحيطة خلال العقود الماضية خلّت المدينة تكبر بسرعة، وبنيتا العمرانية اليوم بتجمع بين بيوت قديمة ومبانٍ حديثة. النبطية مدينة بتعكس جنوب لبنان من دون ساحل: مرتبطة بالأرض، بالزراعة، وبالعلاقات الاجتماعية القوية.

جونية: مدينة السهل الساحلي والواجهة البحرية

جونية، على الساحل الشمالي من جبل لبنان، مدينة ناشطة سياحيًا وتجاريًا. خليجا المعروف، التلفريك اللي بيربطا بحريصا، والواجهة البحرية الطويلة، كلن عطوا هوية خاصة.

مع **التوسع العمراني السريع** من السبعينات لهلّق، صارت جونية مركز سكني وترفيهي مهم، وفيا مطاعم، أسواق حديثة، وجامعات. هويتا مزيج بين مدينة ساحلية وحياة جبلية قريبة.

عاليه: مدينة الجبل والهواء المعتدل

عاليه، على خط بيروت-البقاع، مدينة جبلية معروفة بمناخا المعتدل وبالبيوت القديمة ذات الشرفات الواسعة. من أيام الانتداب، كانت وجهة صيفية للناس من بيروت والجبل.

اليوم، عاليه مدينة فيا حركة تجارية وسياحية، وأسواق نشيطة، ومراكز تعليمية. موقعا الوسطي بيخلّيا **نقطة وصل** بين الساحل والداخل، وبيجيا ناس من مناطق مختلفة للعمل أو الإقامة.

زحلة: عروس البقاع وهويَّة ثقافية خاصة

زحلة مدينة وادي البردوني، وهويتا نابعة من موقعا بين السلسلتين الشرقية والغربية. مناخا، لهجتا، قهاويا القديمة على النهر، وبيوتا الحجرية، كلن بيعطوا طابع ثقافي مميز.

اقتصادا مرتبط بالزراعة، النبيد، التجارة، والصناعة الغذائية. وجود مؤسسات تعليمية وإدارية خلّاها مركز أساسي للبقاع الأوسط.

Comprehension Questions

1. شو الدور اللي عطاه الموقع الجغرافي لطرابلس عبر التاريخ؟

2. بأي شكل بعدا صيدا محافظة على تراثا القديم؟

3. ليه بعلبك معروفة عالميًا؟

4. شو اللي بيميز الحياة الاقتصادية ببعلبك؟

5. كيف بتنعكس الهوية البحرية على مدينة صور؟

6. ليه النبطية تعتبر مركز خدمات للجنوب الداخلي؟

7. شو سبب توسّع جونية السريع من السبعينات؟

8. كيف أثّر موقع عاليه الجبلي على سمعتا؟

9. شو عناصر الهوية الثقافية الخاصة بزحلة؟

10. كيف بتساهم هالمدن بصياغة الصورة العامة للبنان؟

Discussion / Essay Prompts

1. أي مدينة بتحسّ إنّا بتمثل لبنان أكتر من غيرا؟ فسّر ليه.

2. برأيك، المدن الجبلية عندا تحديات مختلفة عن المدن الساحلية؟ شو هي؟

3. هل لازم يكون في خطة متوازنة لتنمية المدن الكبيرة خارج بيروت؟ كيف؟

11

الطبيعة والتحدّيات البيئية بلبنان

Lebanon's natural landscape is both rich and fragile. Mountains, rivers, forests, and coastlines have long shaped the country's economy, culture, and way of life. Yet over the past decades, rapid urban expansion, weak environmental planning, and population pressure have placed growing strain on these resources. Pollution, deforestation, water shortages, and climate change now affect daily life across the country. This unit explores the contrast between Lebanon's natural beauty and the environmental challenges it faces, highlighting how human activity and changing climate are reshaping the land.

Pre-Reading Questions

1. شو برأيك أكتر عامل سبّب تدهور بيئي بآخر عقود؟

2. هل بتحسّ إنو في وعي بيئي أكبر اليوم عند الناس؟ ليه أو ليه لأ؟

3. إذا كنت مسؤول ببلدية، شو أول خطوة بيئية بتعملا؟

Vocabulary

Read the definitions below. Each one matches a bold word or phrase in the text. Try to guess the terms first, then find them in context as you read. Answers are at the back of the book.

1. العناصر الطبيعية الضرورية للحياة والنشاط البشري.

2. تحوّل طويل الأمد بأنماط الطقس والفصول.

3. تدهور نوعية مي الأنهار بسبب النفايات أو الصرف الملوّث.

4. تراجع بطيء ومستمر بالمناطق المزروعة والنباتية.

5. تعدّد بالمناظر والعناصر الطبيعية من جبال وأنهار وسواحل وغابات.

6. جهود لتحسين طريقة تعامل الإنسان مع البيئة.

7. زيادة عدد السكان خلال فترة قصيرة وتأثيرا على الموارد.

8. غياب أو قصور بتنظيم حماية البيئة وإدارة الموارد.

9. مجموعة الموارد الطبيعية اللي بتشكّل قيمة بيئية واقتصادية للبلد.

10. مشاكل بيئية متراكمة إلها تأثير مباشر على الحياة اليومية.

جمال غني... بس تحت ضغط كبير

لبنان معروف **بتنوّع طبيعي واسع**: جبال خضرا، أنهار بتقطع الوديان، شواطئ ممتدّة، وغابات فيا نباتات وحيوانات نادرة. **هالثروة الطبيعية** هي جزء أساسي من هوية البلد، وسبب جاذبيتو السياحية.

بس هالطبيعة الغنية مش بمعزل عن الضغط. **النمو السكاني السريع**، التمدّد العمراني، **ضعف التخطيط البيئي**، والتغيّر المناخي، كلّن خلّوا البيئة اللبنانية تواجه تحدّيات بتكبر سنة عن سنة. وهالوحدة بتحاول تربط بين الوجه الجميل للطبيعة اللبنانية، والوجه التاني اللي عم يعاني من سوء إدارة وتقلّبات المناخ.

الموارد الطبيعية الأساسية: جبال، سواحل، ومي

الجبل اللبناني هو العمود الفقري للطبيعة: غابات أرز وصنوبر وعَرعر، ومرتفعات بتجمع التلج بالشتا وبتغذّي الينابيع. السواحل بتعطي مساحة واسعة للصيد والسياحة، والأنهار، متل الليطاني والعاصي والكلّب، بتسقّي السهول الزراعية وتشكّل مصادر مي أساسية.

هالموارد كانت سبب نشوء قرى وبلدات كاملة، وخلّت لبنان بلد فيه مواسم مختلفة وأنشطة زراعية متنوّعة. وهي كانت دايماً مصدر رزق، ومنظر جماليّ، ومساحة راحة للناس.

كيف تغيّر وجه البيئة بآخر خمسين سنة

من منتصف القرن العشرين لليوم، تغيّر المشهد الطبيعي بشكل كبير. القرى الجبلية توسّعت وصارت مناطق سكنية، والساحل تحول من شواطئ مفتوحة لسلسلة أبنية ومنشآت. الطرقات الجديدة قطعت الأراضي الزراعية، وضغط السكان زاد على المي والكهربا.

هالتحولات مش بس عمران، هي تغيّر بنمط حياة الناس، وبطبيعة العلاقة بين

المدينة والريف. ونتيجتا كانت **انخفاض تدريجي للغطا الأخضر** والتربة الخصبة، ليتم استبدالا بالاسمنت على امتداد المرتفعات.

الأزمات البيئية: اختبارات للنظام كلو

مع الوقت، تراكمت المشاكل البيئية وصار إلا تأثير مباشر على الحياة اليومية. أزمة النفايات، بدايةً من التسعينات للسنين الأخيرة، كشفت ضعف البنى التحتية وخيارات الإدارة المؤقتة.

تلوّث الأنهار، خاصة نهر الليطاني، صار خطر على الزراعة وصحة الناس. المولدات الخاصة سيطرت على الهوا بالمدن، وخلّت التلوّث ثابت حتى خارج أوقات الزحمة. المقالع والمرامل أكلت أجزاء من الجبال وتركتا منزوعة التربة.

هالأزمات مش معزولة، بل مرتبطة بنمط اقتصادي وسياسي، وعم تتفاعل مع بعضا لتخلق ضغط بيئي كبير.

التغيّر المناخي: فصول عم تتبدّل

التغيّر المناخي صار ملموس بالسنين الأخيرة. الأمطار عم تقلّ ببعض السنين وبتجي بشكل متقطّع وعنيف، موجات الحرّ عم توصل لارتفاعات عالية، والمواسم الزراعية عم تنقلب.

الحرايق بالغابات عم تزيد، والجفاف عم يهدد الينابيع والمي الجوفية، خصوصًا بالجبل والبقاع. هالتغيّر عم يخلي التأثير على الزراعة أكبر، وعم يعرّض البلد لمخاطر جديدة ما كانت مألوفة من قبل.

مبادرات وإجراءات لاستعادة التوازن

رغم صعوبة الوضع، في محاولات لإعادة بناء علاقة صحّية مع الطبيعة. محميات جديدة تأسست، متل محمية الشوف، محمية صور، وجمعيات محلية

عم تشتغل على تنظيف الشواطئ والأنهار. في حملات للفرز من المصدر، وتجارب للطاقة الشمسية بكتير قرى.

وفي وعي أكبر عند الناس، خصوصًا مع تطوّر الإعلام البيئي، وصار في ضغط شعبي على الدولة والبلديات لاعتماد خطط أوضح وأطول مدى.

المسار طويل، بس الأمل موجود، لأن التغيير يمكن يبلش من مبادرات صغيرة بتكبر مع الوقت.

Comprehension Questions

1. شو العوامل اللي زادت الضغط على البيئة بآخر عقود؟

2. كيف أثّر التمدّد العمراني على الأراضي الزراعية؟

3. بأي طريقة انعكست أزمة النفايات على الحياة اليومية؟

4. ليه نهر الليطاني متل واضح عن التلوّث؟

5. كيف بتأثر المولدات الخاصة على الهوا بالمدن؟

6. شو العلاقة بين التغيّر المناخي وزيادة الحرائق؟

7. شو أهم المبادرات اللي صارت لتحسين الوضع البيئي؟

8. هل النص بيوحي إنو التحسن ممكن؟ وكيف؟

Discussion / Essay Prompts

1. برأيك، معالجة التلوّث لازم تبدأ من الدولة أو من المجتمع؟

2. شو أكتر مشكلة بيئية بتحسّ إنو اللبنانيين متعايشين معا بدل ما يحلوا؟

3. لو بدنا نحافظ على الشواطئ، شو لازم يصير؟

١٢
المناطق الجغرافية غير الرسمية والهويّات المحلية

Beyond official administrative divisions, Lebanon is shaped by informal geographic regions that strongly influence local identity. People commonly speak of the north, the south, the Beqaa, the mountains, the coast, the city, and the village to describe social, cultural, and linguistic differences. These categories have no legal boundaries, yet they play a powerful role in daily language, food traditions, dialects, social expectations, and feelings of belonging. Over time, migration and urban growth have blurred some of these distinctions, while others remain deeply rooted. Exploring these unofficial regions helps explain how geography and identity interact in Lebanon, creating diversity within a shared national framework.

Pre-Reading Questions

١. كيف بتوصف علاقتك بالمنطقة اللي جايي منا؟

٢. شو أول فكرة بتخطرلك لما تسمع كلمة "الشمال" أو "الجنوب"؟

٣. هل برأيك اللهجات اللبنانية بتخلق تقارب أو تباعد بين الناس؟

Vocabulary

Read the definitions below. Each one matches a bold word or phrase in the text. Try to guess the terms first, then find them in context as you read. Answers are at the back of the book.

١. أفكار مبسّطة ومسبقة عن جماعات أو مناطق.

٢. إحساس الارتباط بالمكان أو الجماعة.

٣. إدراك مشترك عند الناس لهويتهم وانتماءاتهم.

٤. اختلاط وتأثير متبادل بين انتماءات مختلفة.

٥. الصورة الذهنية المشتركة عن المناطق وأهلها بالمجتمع.

٦. انتقال الناس من منطقة لبنانية لمنطقة تانية داخل البلد.

٧. تصنيفات للمناطق ما إلها طابع إداري رسمي بس مستعملة بالحياة اليومية.

٨. شكل وتنظيم البناء والمدينة وطريقة توسّعها.

٩. طريقة لفظ أو إيقاع خاص بلهجة معيّنة.

١٠. عائلات كبيرة بتضم أكتر من جيل وبتعيش بروابط قريبة.

لبنان بين جغرافيتو وهويّاتو المتنوّعة

إلى جانب التقسيمات الإدارية الرسمية، في **تقسيمات غير رسمية** بتلعب دور كبير بشكل هويّة المناطق. الناس عادة تستعمل كلمات متل الشمال، الجنوب، البقاع، الجبل، الساحل، المدينة، والضيعة لتحكي عن اختلافات اجتماعية وثقافية واضحة. هالتقسيمات ما إلا حدود رسمية، بس إلا حضور قوي باللغة اليومية **والوعي الجماعي**، وبتأثر بالأكل، اللهجة، العادات، والنظرة المتبادلة بين المناطق.

الشمال والجنوب: مسافات قصيرة، فروقات كبيرة

الشمال والجنوب بيشكّلوا قطبين مهمّين **بالخيال اللبناني**. الشمال معروف بمدنو القديمة، أسواقو، ومرفأ طرابلس، وبعلاقة قوية بين الساحل والقرى الجبلية. الجنوب من جهتو عندو تاريخ من الزراعة، التبغ، والبلدات الممتدّة من الساحل إلى الداخل.

ورغم التقارب الجغرافي، في اختلاف بحياة الناس، بعادات الضيافة، وبأنماط العيش. الشمال أقرب للتجارة والانفتاح على الساحل السوري، بينما الجنوب مرتبط أكتر بالأرض والقرى **والعائلات الممتدّة**. ومع ذلك، الهويّة اللبنانية الجامعة بتظلّ موجودة فوق كل الاختلافات.

البقاع والجبل والساحل: تلات هويّات واضحة

البقاع عبارة عن سهل كبير مفتوح، فيه زراعة كثيفة ولهجة فيا **نبرة مميّزة**. حياة الناس فيه مرتبطة بالضيعة، بالأرض، وبالمواسم.

الجبل عندو هوية مختلفة، بقرى مبنية على السفوح، وبيوت حجرية، وطابع مناخي بارد. العلاقة بين الناس والجبل علّاقة تاريخية، فيا فخر، وفيا إحساس بعزلة أحياناً.

الساحل بيقدّم حياة أسرع، ومدن متداخلة، وخدمات وفرص عمل متنوعة. **النمط العمراني** فيه أكتر حداثة، واللهجة فيه متأثّرة بالاحتكاك اليومي بين ناس من مختلف المناطق.

ريف ومدينة: هويّات بتتحرك بين نمطين

الفوارق بين الريف والمدينة واضحة بحياة اللبنانيين. الريف فيه علاقات اجتماعية قريبة، بيوت مفتوحة، وتقاليد مرتبطة بالمواسم والضيعة. المدينة فيا إيقاع أسرع، ومساحات عمل وسكن مختلطة، ولهجة أخف وأقرب للإعلام.

ومع **الهجرة الداخلية** من السبعينات لهلّق، كتير من أهل الريف سكنوا بيروت وجونية وصيدا، وصار في **تداخل بين الهويّات**. اليوم، الشاب البقاعي أو الجنوبي ممكن يعيش حياة مدينية كاملة، بس بيضل مرتبط بضيعتو وبيرجعلا كل عطلة نهاية أسبوع.

اللهجات: اختلاف بيجمع وما بيفرّق

اللهجات اللبنانية بتختلف بين الساحل والجبل والبقاع، وبين الشمال والجنوب. بقاعية فيا نبرة واضحة وميل للإشباع. جنوبية فيا إيقاع أبطأ ووضوح بالنطق. شمالية سريعة وفيا كلمات متأثرة بالتاريخ العثماني وبالتجارة السورية.

ورغم هالاختلاف، الناس بيفهموا بعض، والاختلاف باللهجة بيصير جزء من الهوية اليومية. اللبنانيين عادة بيتفاخروا بلهجتن، وبيشوفوا علامة على الأصل والمنطقة والانتماء.

الأكل: جغرافيا عم تعطي نكهاتها

المناطق اللبنانية عندا أكلات مرتبطة مباشرة بطبيعتا. البقاع مشهور باللبنة والكرابيج بسبب وفرة الحليب والقمح. الشمال معروف بالكبة النية، المأكولات البحرية وبأنواع معيّنة من الحلويات. الجنوب مشهور بالتبولة، الفريكة، والزيت

البلدي. الجبل فيه المونة، المكدوس، والجبنة البيضا.

هالأكلات مش بس طعام، هي تعبير عن علاقة الناس بالأرض والمواسم، وعن الفخر بكل منطقة بنكهتا الخاصة.

صُوَر نمطية وفخر محلي

من زمان، اللبنانيين بيستخدموا **صُوَر نمطية** عن بعضن، بعضا طريف وبعضا متعب. الشمالي تاجر وشاطر بالحرف، الجنوبي مرتبط بالأرض وقوي الإرادة، البقاعي كريم وشجاع، وأهل الجبل عندن فخر كبير بقراهم.

بس بهالفترة، صار في وعي أكبر بأن هالصور مبسّطة وما بتمثّل الحقيقة. مع هيك، الفخر المحلي بعدا قوتو موجودة. الناس بتحكي عن ضيعتا وعن جبلا وعن ساحلا كجزء أساسي من الهوية، مش كمجرّد عنوان جغرافي.

هويات محلية ضمن وطن واحد

التقسيمات غير الرسمية بتوضح اختلافات حقيقية، بس بنفس الوقت بتشكّل غنى للهوية اللبنانية. هالتنوّع باللهجات وبالعادات وبالأكل وبإيقاع الحياة الاجتماعية هو اللي بيعطي لبنان طابعو الغني والمتعدّد.

ومهما تغيّرت المدن والقرى، أو انتقلوا الناس واستقرّوا بمناطق جديدة، بيضلّ **شعور الانتماء** لقريتنُ متجذّر وبيعطي بُعد تاني لهويتنُ الوطنية.

Comprehension Questions

1. شو الفرق بين التقسيمات الرسمية وغير الرسمية بلبنان؟

2. ليه هالتقسيمات غير الرسمية إلا وزن كبير بحياة الناس؟

3. بأي شكل بينعكس اختلاف الشمال والجنوب على العادات اليومية؟

4. كيف بتتجلى هوية البقاع بالموسم والزراعة؟

5. شو اللي بيميز هوية الجبل مقارنةً بالساحل؟

6. ليه أصبحت الهجرة الداخلية عامل مغير للهويات المحلية؟

7. بحسب النص، كيف بتأثر المدينة على لهجة الناس؟

8. شو اللي بيميز اللهجات الشمالية والجنوبية والبقاعية عن بعضا؟

9. كيف بيعكس الأكل علاقة الناس بالطبيعة؟

10. ليه الصور النمطية موجودة بين المناطق اللبنانية؟

Discussion / Essay Prompts

1. بأي طريقة اللهجة بتأثر على انطباعك الأول عن الشخص؟

2. هل التنقل والسكن بالمناطق التانية بيغيّر الهوية الأصلية؟ كيف؟

3. هل الاختلافات بين المناطق نقطة قوة أو مصدر توتر؟ فسّر.

Vocabulary Answer Key

Unit 1

1. التواصل بين حضارات مختلفة
2. موطن
3. هوية معقدة
4. مصدر قوة محتملة
5. حاجز طبيعي
6. ممر مهم للقوافل
7. إمكانيات للنقل
8. ملفات صراع
9. محور اهتمام
10. تأثيرات سياسية مباشرة

Unit 2

1. هَمزة الوصل
2. بلدية مُعَلَّقة
3. تنظيم الإدارة
4. تعزيز الإدارة المحلية
5. الإدارة العمرانية
6. صلاحيات محصورة
7. إكتظاظ
8. النُّفوذ المحلي
9. تداخُل الصلاحيات
10. متابع البلديات والأقضية

Unit 3

1. واجهة بحرية
2. مُطلّة
3. نقاش واسع
4. طابع ثقافي عالمي
5. ضغط عمراني
6. زواريب
7. شريان الحياة
8. انفتاح على أسواق جديدة
9. مساحة تنفّس
10. خطوط اشتباك

Unit 7

6. قناة إسمنتية		1. منسوب (المَي)	
7. ينابيع		2. مجرى (نهر)	
8. مبيدات زراعية		3. إعادة تأهيل	
9. صرف صحي		4. تخزين مَي	
10. تلوّث		5. استخراج المي الجوفية	

Unit 8

6. كسّارات		1. دورة المي والتربة والمناخ	
7. غابات أرز		2. بتثبيت التربة	
8. المناطق الحرجية		3. بينبت على ارتفاعات عالية	
9. غابة كثيفة		4. جذورو بتتغلغل بالصخور	
10. آليات مراقبة التعديات		5. التوسّع العمراني	

Unit 9

6. عنصر أساسي بموارد المي		1. فروقات كبيرة	
7. موجات الحر		2. اختلاف الارتفاع	
8. مرحلة انتقالية		3. دورة النموّ	
9. رطوبة		4. تغيّرات واضحة	
10. نظام غذائي موسمي		5. درجات حرارة معتدلة	

Unit 10

6. ارتباط بالزراعة		1. مِحوري	
7. خانات		2. أسواق مسقوفة	
8. مدينة داخلية		3. نَسيج اجتماعي	
9. نقطة وصل		4. حركة تجارية ناشطة	
10. توسّع عمراني سريع		5. تحوّل عمراني حديث	

Unit 11

6. محاولات لإعادة بناء علاقة صحّية مع الطبيعة		1. الموارد الطبيعية الأساسية	
7. النمو السكاني السريع		2. التغيّر المناخي	
8. ضعف التخطيط البيئي		3. تلوّث الأنهار	
9. ثروة طبيعية		4. انخفاض تدريجي للغطا الأخضر	
10. الأزمات البيئية		5. تنوّع طبيعي واسع	

Unit 12

6. الهجرة الداخلية		1. صور نمطية	
7. تقسيمات غير رسمية		2. شعور الانتماء	
8. النمط العمراني		3. الوعي الجماعي	
9. نبرة مميّزة		4. تداخل بين الهويّات	
10. العائلات الممتدّة		5. الخيال اللبناني	

Translations

Unit 1: Lebanon's Location and Its Geographic Importance

Between the Sea and Its Neighbors: Lebanon's Basic Location

Lebanon is a small country located on the eastern shore of the Mediterranean Sea. To the north and east it borders Syria, to the south Israel, and to the west the sea. This position between the sea and the land gave Lebanon an importance far greater than the size of its territory. It is a meeting point between the Levant on one side and the Mediterranean world on the other.

These borders created direct links with nearby cities and regions. Damascus is closer to Beirut than many places within Lebanon itself, and Tyre and Sidon were, throughout history, closely connected to historical Palestine through more than one economic and social relationship.

The Phoenicians and the Ancient Ports

Thousands of years ago, the coastal cities that today lie in Lebanon were home to the Phoenicians. Cities such as Tyre, Sidon, and Byblos (Jbeil) were centers of trade and shipbuilding, and from them Phoenician seafaring set out across the Mediterranean.

The ancient inhabitants of these cities traded in timber, metals, and dyes, and established distant commercial centers around the Mediterranean Sea. This maritime activity played a central role in spreading the Phoenician script and in facilitating contact between different civilizations.

It is important to note that this activity belonged to the inhabitants of the ancient Phoenician cities, not to "the Lebanese" in the sense of the modern state.

Mountains and Plain: Diverse Geography in a Small Area

The western mountain range, which runs through the country from north to south, reaches peaks that rise above three thousand meters. These mountains formed a natural barrier, protected the coast, and created different climatic zones.

Behind the mountains, between the western and eastern ranges, stretches the Bekaa Valley. Throughout history, this plain was an important corridor for caravans and armies. Ancient routes passed through it, linking Homs, Damascus, and Palestine.

The diversity between coast, mountain, and plain gave Lebanon a rich natural landscape. Within twenty kilometers, it is possible to move from a warm coastal climate to a high summit covered with snow.

A Politically Sensitive Location in Modern History

From the beginning of the twentieth century, Lebanon's location became part of the region's conflicts. Proximity to Palestine made the south a sensitive area, and the long border with Syria led to continuous human and commercial movement, along with direct political influence.

This position between two states with major conflict issues sometimes made Lebanon pay the price of its location. From the civil war to repeated conflicts in the south, geography has been an influential factor in security and political affairs.

A Cultural and Civilizational Gateway

Lebanon's location made it a crossroads for different ideas and cultures. The Phoenicians interacted with Mediterranean civilizations, the Romans left ruins and temples, and the Ottomans arrived via overland routes. During the First and Second World Wars, Lebanon lay along lines of communication between major powers, and under the French Mandate it became a point of direct European influence.

This geographic and political mixture created a complex and rich identity that brings together the Arab and the Mediterranean, and the mountain and the sea.

Lebanon Today: Continuing Importance Despite Challenges

Today, Lebanon's location remains a fundamental element of its politics and economy. The sea provides opportunities for transport and tourism, while the mountains attract visitors and play an important environmental role.

Lebanon's proximity to offshore gas exploration areas has made the eastern Mediterranean a new focus of attention, and Lebanon is part of this picture.

At the same time, security and economic challenges directly affect Lebanon's ability to benefit from its location. Even so, this location remains a potential source of strength and a lasting opportunity, if the country is able to regain stability and make use of this small area that brings together history, civilization, and a diversity not easily found elsewhere.

Unit 2: Lebanon's Official Administrative Divisions

Overview of the Administrative System in Lebanon

Lebanon's administrative system is divided into three main levels: governorates, districts, and municipalities. These divisions are meant to organize administration, distribute services, and connect people to the central state in Beirut. Although

Lebanon is a small country, geographic and demographic differences made these divisions necessary from the time the state was established.

Governorates: The Broadest Administrative Framework

Today, Lebanon is divided into nine governorates: Beirut, Mount Lebanon, North Lebanon, the Bekaa, South Lebanon, and Nabatieh, in addition to relatively recent administrative formations that were officially approved in recent decades.

Some governorates are old and date back to the early twentieth century, while others, such as Akkar and Baalbek–Hermel, were created more recently to strengthen local administration and bring services closer to residents.

The governor represents the central state and oversees key areas, including security, public works, coordination between ministries, and supervision of districts and municipalities.

Districts: The Link Between Regions

Each governorate is divided into districts, and there are currently twenty-six districts in total. The district commissioner is responsible for the district and serves as the link between the governorate and the municipalities.

The current divisions have roots in the period of the Mutasarrifate and the early Ottoman era, when regions were divided according to geography, prominent families, and local influence.

To this day, some districts have largely preserved their historical shape, such as Zahle, Tyre, Baabda, and the Chouf. Districts group together towns that share social and economic ties: some are coastal, some mountainous, and others are plains, such as those in the Bekaa.

Municipalities: The Level Closest to the People

The municipality is the smallest administrative unit, and it is through municipalities that people deal with the state on a daily basis. Some municipalities have fewer than a thousand residents, while large municipalities such as Tripoli and Sidon have populations in the tens of thousands.

Municipal responsibilities include urban planning, roads, street lighting, waste management, cultural activities, and the organization of public life in cities and villages.

However, municipalities face major challenges: limited budgets, a lack of equipment and resources, and overlapping authority with central ministries. Many municipalities depend on the state to finance any major project.

Population Distribution and Regional Differences

Administrative divisions reflect Lebanon's population diversity. Some governorates have high population density, such as Beirut and Mount Lebanon, while others are less densely populated, such as Baalbek–Hermel, Nabatieh, and Akkar.

Districts also vary in density. Some include large cities, such as Zahle and Byblos (Jbeil), while others consist mostly of small villages spread across mountains and plains. This imbalance creates challenges in transportation, healthcare, education, and infrastructure.

Contemporary Administrative Challenges

Despite the clarity of the administrative structure, local governance in Lebanon suffers from long-standing problems. Many powers remain centralized in Beirut, and municipalities lack sufficient independence.

Some areas have very effective municipalities, while others have weak or inactive ones due to disputes or a lack of resources.

Administrative decentralization has been proposed as a solution for years, and there is widespread belief that its implementation could help develop regions far from the capital.

The Importance of Administrative Divisions Today

Administrative divisions are not merely a technical matter, but a core element of governing a diverse country. A strong municipality can carry out local development projects, an organized district can coordinate the efforts of towns, and an effective governorate can balance the needs of residents with those of the central state.

In a small country like Lebanon, local governance is essential for improving people's lives and for rebuilding trust between regions and the state.

Unit 3: Beirut: The Capital Between Sea and Mountain

Beirut's Location: A City on the Edge of Sea and Mountain

Beirut lies on a narrow stretch of coast between the Mediterranean Sea and Mount Lebanon. This unique location created a city open to the sea on one side and protected by the mountains on the other. Proximity to the mountains gave the city its moderate climate, while the sea has given it a commercial identity for thousands of years.

This geographic position made Beirut a point of passage for people and goods, and a link between Lebanon's interior and the outside world.

Old Neighborhoods and the Formation of the City

Historically, Beirut was divided into several neighborhoods, each with its own character. The old commercial center was the heart of economic activity, surrounded by residential and commercial areas such as Zoqaq el-Blat, Msaytbeh, the Burj, and Monot.

Eastern neighborhoods such as Achrafieh and Sioufi overlooked the port and the slopes, while western neighborhoods such as Ras Beirut and Hamra were closer to universities and popular markets.

This variation in elevation and distance created a city of narrow alleyways, slopes and climbs, and a mix of old stone-faced buildings and modern structures.

The Corniche and the Port: Beirut's Maritime Face

Beirut's coastline, known as the Corniche, is one of the city's most important landmarks. The sea gave Beirut an open natural space and a meeting place for people from all backgrounds.

The port has always been an economic lifeline. From the nineteenth century onward, it gradually expanded to become a key center of trade between the Levant and Europe. The arrival of ships, the storage of goods, and openness to new markets all contributed to Beirut's transformation into an economic capital.

The Beirut port explosion in 2020 was a major shock, not only because of the losses, but because the port is part of the city's identity and geography.

Urban Expansion and Rapid Transformation

Beirut is geographically small, but it expanded rapidly, especially from the 1950s to the present. The growth of universities, companies, and banks created intense urban pressure. Areas that were once small villages, such as Hadath, Furn el-Chebbak, and Bourj Hammoud, became part of Greater Beirut.

Expansion also reached the coastline, with large-scale development projects that changed the shape of the waterfront. These changes sparked wide debate about urban planning, the environment, and public spaces.

Reconstruction After the War

After the civil war, downtown Beirut was heavily destroyed. Reconstruction projects in the 1990s aimed to restore the capital's economic and tourist role. Historic streets were restored, and squares and public spaces were rebuilt.

Despite controversy surrounding these projects, reconstruction brought life back to the city center and reconnected areas that had been separated by former front lines.

Beirut's Neighborhoods and Their Social Identity

Beirut is not a single neighborhood, but a collection of small worlds. Hamra is an area of universities and cafés, Achrafieh combines old and modern buildings with a cosmopolitan cultural character, Mazraa and Tariq el-Jdideh are active popular districts, while Raoucheh and Manara are residential areas overlooking the sea.

These differences are not accidental, but the result of a geography that brings together coast, elevations, historic routes, and commercial sites.

Over time, Beirut welcomed people from all over Lebanon and from other Arab countries, creating great social diversity that is reflected in its dialects, cuisine, and music.

Beirut Today: A Tired but Resilient City

Today, Beirut faces major challenges: economic crises, population pressure, pollution, and the collapse of infrastructure. Yet despite everything, it remains a city with a pulse, cultural life, and spaces that bring together young people, artists, and journalists.

Geography is still a key factor. The sea offers hope and room to breathe, while the mountains behind the city are a reminder that Beirut is part of a wider and diverse country, not an isolated city.

This blend of sea and mountain, of old and new, and of exhaustion and resilience is what shapes Beirut's identity today.

Unit 4: The Western Range: Mount Lebanon and the Mountain Villages

The Geographic Backbone of Lebanon

The Western Range, known as the Mount Lebanon range, extends along the coast from north to south. This range forms the geographic backbone of the country, as it separates the coast from the interior and creates a high ridge that affects everything: climate, agriculture, and even people's way of life.

Its highest peak is Qornet es-Sawda, at about 3,088 meters, making it the highest point in Lebanon. The presence of such high peaks in a small area gave Lebanon a unique climate and diverse natural scenery, from snow-covered summits to a warm coast within less than an hour's travel.

Snow, Seasons, and Ski Resorts

Winter in the western Mount Lebanon range is known for heavy snowfall, especially in areas above 1,500 meters. This created a cold climate, clearly defined seasons, and opportunities to develop ski resorts, which began to spread from the mid-twentieth century.

Mzaar Kfardebian, the Cedars, and Laqlouq are among the most prominent areas that receive thousands of visitors every year. Winter sports have become part of the Lebanese mountain identity and one of the tourism strengths that distinguish Lebanon from many countries in the region.

Mountain Villages: Stone Houses and Old Traditions

The villages spread across the Western Range are characterized by simple architecture: stone houses with red roofs and balconies overlooking valleys. Mountain areas have always served as places of refuge, especially during periods of political instability, which helped create tightly knit rural communities built around family and tradition.

Roads are stepped and winding, and agriculture relied on terraced fields that resist steep slopes. These terraces are not just an agricultural technique; they are a way of living in harmony with difficult geography.

Climatic Diversity Between Peaks and Valleys

The Western Range creates clearly distinct climatic zones. High peaks are cold, and many remain covered with snow for long periods. Mid-altitude areas are moderate and suitable for settlement and agriculture, while slopes closer to the coast experience warm weather for most of the year.

This diversity led to different crops: apples and pears in higher areas, grapes and almonds in mid-altitudes, and olives and citrus closer to the coast. Each zone has its own seasons and agricultural patterns.

Cedar Forests and the Mountain Environment

The western Mount Lebanon range is home to Lebanon's most famous symbolic tree: the cedar. Ancient cedar forests once covered much wider areas, but today their remnants remain in protected reserves such as the Cedars of God near Bsharri, the Tannourine Cedars, and the Chouf Cedars.

The cedar is a resilient tree that withstands cold and snow and can live for hundreds of years. Its presence is part of mountain identity and of Lebanon's commercial and cultural history, especially since the Phoenicians used its wood to build ships and temples.

Daily Life Between Winter and Summer

Mountain residents in Lebanon are accustomed to sharp seasonal contrasts. Homes are prepared for harsh cold, and heaters are an essential part of every house. In summer, the mountains become a destination to escape the coastal heat, and tourist activity increases in restaurants, cafés, and scenic mountain viewpoints.

Movement between the coast and the mountains is relatively easy thanks to modern roads, creating a daily relationship between the two regions. On the same day, Beirut's sea can be full of swimmers while the mountain peaks remain covered with snow.

The Western Range Today: Beauty and Challenges

Despite the beauty of the western Mount Lebanon range, it faces serious challenges: forest fires, loss of vegetation cover, uncontrolled construction, and climate change, which is affecting snowfall and water resources.

Even so, the range remains at the heart of Lebanon's natural identity. It is the place that unites Lebanese people around images of snow, cedars, and stone houses, and it forms the link between the country's history and its contemporary geography.

Unit 5: The Eastern Range and the Bekaa Valley

A Natural Line That Divides and Connects

The Eastern Range, which extends along the border with Syria, forms a high and relatively dry mountain line. Its peaks are lower than those of the Western Range, but the range itself is longer and wider, creating a natural barrier between Lebanon's interior and the Syrian steppe.

Below this range stretches the Bekaa Valley, one of Lebanon's most important agricultural regions. It forms a long belt of fields, villages, and towns, running from the Homs region in the north to the Golan area in the south. This dual geography, mountain and plain, created a way of life different from that of other parts of Lebanon.

A Harsh Climate and Challenging Agriculture

The climate in the Eastern Range and the Bekaa is more continental than on the coast. Summers are hot and dry, winters are cold, with occasional severe frost, and rainfall is relatively limited. These conditions resemble inland Syrian regions more than the Lebanese coast.

Despite this difficult climate, the Bekaa is one of Lebanon's richest agricultural areas, thanks to its fertile soil and wide plain. Wheat, barley, potatoes, grapes, apples, and even some industrial crops such as tobacco and herbs are widely cultivated.

Agriculture in the Bekaa depends heavily on irrigation, since rainfall is not sufficient. Here the main challenge becomes water management, especially with the decline of the Litani River and ongoing pollution problems.

Zahle: The "Bride of the Bekaa" Between Mountain and River

Zahle is one of the most important cities in the valley. Its position between the eastern and western ranges made it a city open to both directions and turned it into a link between Beirut and the interior.

It is known for the Berdawni River that runs through it, for its restaurants, its cultural life, and the Zahle identity, which takes pride in its language and local dialect.

Zahle is also a university, administrative, and commercial center, with a long history of political and social influence throughout the Bekaa.

Baalbek: The City of the Sun and the Heart of History

Baalbek is one of the oldest continuously inhabited cities in the world. Its Roman temples, especially the Temple of Jupiter and the Temple of Bacchus, testify to a golden age that passed through the region. Its elevation above the plain and its proximity to the Eastern Range gave it a strategic position throughout history.

Today, Baalbek is a lively city with markets, agriculture, and universities, and it is a main center of the Baalbek–Hermel region. The Baalbek International Festivals have turned the temples into a global stage that brings together art and history.

Daily Life in the Plain and the Mountains

The Bekaa is a wide region, and its villages are relatively spread out. Daily life is strongly influenced by the climate. Winters are harsh, with frost and snow, while summers are long and hot.

The people are known for their hospitality, their attachment to the land, and their strong connection to agriculture. Many families live between the plain and the mountains at the same time, with homes in villages and land in grazing areas or on mountain slopes.

The Eastern Range itself includes small villages and rugged roads, as well as shepherds who make use of seasonal pastures.

Water Challenges and Agricultural Management

Water is the greatest challenge in the Bekaa. The Litani River is the most important water source, but pollution and overuse threaten agriculture and groundwater.

There are ongoing projects to regulate irrigation and improve water management, but the path remains long. Agriculture in Lebanon, especially in the Bekaa, is directly tied to the ability to protect water sources and keep them clean.

A Strategic Location Through History

The Bekaa has always been a corridor for traders and armies, from the Roman and Greek periods, through the Islamic era, and into Ottoman rule. Its position between Damascus and Beirut made the region a crossroads and has kept it politically sensitive to this day.

The line of the Eastern Range itself long served as a border surveillance zone, and with the development of modern roads, the Bekaa became an important gateway between Lebanon and Syria, and a center for transporting crops and goods.

The Bekaa Today: Diversity, Potential, and Challenges

Today, the Bekaa is a mix of old and new. Traditional agriculture, active trade, universities, markets, and a diverse society coexist side by side. At the same time, there are major challenges such as displacement, declining water resources, poverty in some areas, and weak infrastructure.

Even so, the Bekaa and the Eastern Range remain the agricultural heart of Lebanon. Each harvest season reminds people of the value of this land, and every village on a mountain slope reflects a long relationship between people and nature.

Unit 6: The Lebanese Coast and Its Maritime Cities

A Narrow Strip, Full of Life

The Lebanese coast stretches for about 225 kilometers, from Akkar in the north to Tyre in the south. Although this coastal strip is narrow, it includes a large share of the population, major cities, ports, markets, and universities. Here, the sea is not just a view; it is a source of livelihood, a shared memory, and a way of life.

The coastline varies between rocky areas, especially in the north, and sandy beaches such as those in Tyre. This diversity created different activities, including fishing, swimming, maritime transport, and trade.

Tripoli: A City of the Sea and Crafts

Tripoli, Lebanon's second-largest city, is a distinctly maritime city. It has an old port and has historically been an important gateway between the coast and the interior.

Today, Tripoli is known for its old markets, craft workshops, and the Mina area, which remains a center for fishermen. Fishing in Tripoli is a long-standing profession, with families known for practicing it across generations.

The city is also a gateway to the north and to the mountains, which has given it a distinctive cultural and social mix.

Sidon: An Ancient Port and a Commercial Spirit

Sidon is one of the oldest coastal cities in the world. It was a major trading center for the Phoenicians, where large ships were built that crossed the Mediterranean.

Today, the port remains the heart of the city, with small fishing boats, fish markets, and maritime workshops. The Sea Castle, built in the Middle Ages, still stands as a witness to the city's maritime and defensive history.

Sidon is a commercial city whose residents have a strong relationship with the sea and the markets, constantly balancing modern life with the heritage of the port.

Tyre: Sandy Shores and Phoenician Memory

Tyre is an exceptional city. Its sandy beach is among the longest in Lebanon, and the Tyre Nature Reserve is one of the most important environmental areas along the coast.

During the Phoenician period, Tyre was a major maritime center, from which merchants and sailors set out to establish cities on distant shores. This maritime identity remains visible today through the old port, fishing boats, and a population that lives to the rhythm of the sea.

Tyre's archaeological remains, especially the Roman hippodrome, recall a time when the city was among the most powerful in the Mediterranean world.

Daily Life Along the Coast

Proximity to the sea created a distinctive way of life. In the morning, fishermen head out with their nets, and in the evening markets sell fresh fish. Cafés and restaurants line the corniches of Beirut, Jbeil, and Sidon, forming shared spaces where people gather.

For many coastal families, the relationship with the sea is almost spiritual. The sea provides income, calms the mind, and serves as a constant daily companion.

At the same time, some areas suffer from congestion and unregulated construction along the shore, which has altered the natural coastline.

Trade and Ports Between Past and Present

Lebanon's ports have played a central role throughout history, including trade in cedar wood, glass, dyes, and agricultural products.

Beirut is today the largest commercial port, receiving goods from around the world despite the challenges it has faced, especially after the 2020 explosion.

The port of Tripoli is gradually expanding and has become an important hub for trade with the Syrian interior. Smaller ports, such as those in Tyre and Sidon, remain active in fishing and traditional boat traffic.

Pollution and the Decline of Natural Spaces

Despite the importance of the sea, the Lebanese coast suffers from serious pollution problems, including untreated sewage, waste on beaches, illegal land reclamation, and the loss of sandy areas.

These challenges have affected fish stocks, marine health, and tourism. There are projects aimed at rehabilitating some areas, but the path remains long and requires clear policies and strong environmental management.

The Coast Today: Memory, Heritage, and Potential

Today, the Lebanese coast is a blend of past and present, with old markets, active ports, modern restaurants, and natural areas that still preserve their beauty.

Tripoli, Sidon, and Tyre each have their own character, yet they share a long-standing relationship with the sea, a relationship shaped by trade, migration, fishing, and at times conflict.

The coast is a small space, but its role in Lebanon's history and identity is immense.

Unit 7: Rivers and Water in Lebanon: The Litani, the Orontes, and the Beirut River

Rivers That Feed the Land and Shape the Seasons

Lebanon's rivers are relatively short, but they have a major impact on agriculture, population distribution, and life in villages and coastal areas. Most of them rise in the mountain ranges, with water flow increasing during snowmelt and the winter months, then dropping sharply in summer. This strong seasonal contrast created a constant need for careful water management and for organizing irrigation and agriculture throughout the year.

The Litani River: The Water Backbone of the Southern Bekaa

The Litani is the longest river within Lebanon's borders and one of the most important water sources for irrigation. It rises in the northern Bekaa and flows through wide agricultural areas before continuing toward the Qasmiyeh region north of Tyre.

The Litani formed the foundation for the development of the Bekaa Plain, especially for crops such as potatoes, wheat, grapes, and some industrial crops.

Over time, pollution from factories and sewage accumulated, and water quality declined. Despite existing treatment plans, implementation has been uneven, making management of the Litani one of the country's most serious environmental challenges.

The Orontes River: A Unique Course and a Reverse Direction

The Orontes River rises in the Ras Baalbek area and flows northward toward Homs. It is one of the few rivers in the region whose course runs from south to north.

In the Hermel area, the Orontes plays an important role in agriculture and tourism, especially water sports. Its water is usually cleaner than that of the Litani, since the areas it passes through are less densely populated and its source is mountainous.

Throughout its history, the Orontes served as a corridor for agriculture and trade between the Syrian interior and eastern Lebanese regions.

The Beirut River: A Natural Course Turned into a Concrete Channel

The Beirut River flows from the western slopes and once passed through orchards and villages. With urban expansion, it gradually became confined within concrete channels.

The accumulation of waste and untreated sewage led to high pollution levels. Today, there are initiatives to rehabilitate the riverbanks and transform parts of the river into public green spaces, but most projects remain at the planning stage.

Dams and Attempts at Water Storage

The sharp contrast between winter and summer seasons led to the development of dam projects aimed at storing water. The most well-known include:

- the Qaraoun Dam on the Litani,

- the Shabrouh Dam in Keserwan,

- and the Bisri Dam, which was halted after wide environmental debate.

Many dams faced problems related to pollution, evaporation, or disputes over whether they should be built at all. Even so, the need for water storage and collection remains pressing, especially with climate change and declining snowfall.

Agriculture Dependent on River Systems

Agriculture in large parts of Lebanon is directly tied to rivers.

- In the Bekaa, the Litani is essential for extensive farming.

- In the south, Qasmiyeh waters supported citrus and banana cultivation.

- In the north, the Abu Ali River once irrigated parts of the land before its flow declined.

Harsh summers increased reliance on groundwater wells, a trend that threatens water reserves and is changing the nature of agricultural land.

Pollution and Declining Water Quality

The current state of rivers reflects heavy pressure, including untreated sewage, solid waste, industrial discharge, heavy use of agricultural pesticides, and unregulated dumping.

These factors affected public health, water quality for irrigation, and even marine life along the coast.

New Approaches to Water Management and River Protection

Local initiatives and environmental organizations are working to clean riverbeds, rehabilitate springs, and raise awareness about responsible water use.

There are also projects to improve sewage networks, regulate groundwater extraction, and adopt solar energy for irrigation in some areas.

Still, the future of Lebanon's rivers depends on clearer decisions, long-term policies, and real cooperation between municipalities, institutions, and farmers.

Unit 8: Forests and Nature Reserves

Natural Richness Despite Limited Forest Coverage

Lebanon has a diverse range of forests and wooded areas spread across mountains and plains. Tree types vary by elevation and climate, from cedar and fir in higher regions to juniper, pine, and oak in mid and lower elevations.

Forests are a core part of the country's identity and play an essential role in water cycles, soil protection, and climate balance. Even so, forest cover has declined over recent decades due to fires, urban expansion, and illegal logging.

Cedar Forests: A National Symbol and Part of Collective Memory

The cedar is the tree most closely associated with Lebanon. It grows at high elevations, withstands snow and cold, and can live for hundreds of years.

Today, the most famous cedar forests are found in protected areas such as the Cedars of God in Bsharri, the Tannourine Cedars, and the Chouf Cedars.

These forests are remnants of much larger cedar forests that once covered wide areas in ancient times. Cedar wood was highly valued in the ancient world, which led to extensive cutting over the centuries.

Juniper and Fir: Hardy Mountain Trees

Juniper is widespread across both the eastern and western ranges at high elevations. It is a resilient tree that tolerates drought and cold, with roots that penetrate rocky ground.

Fir is another rare and distinctive tree, found in areas such as Hermel, Danniyeh, and some slopes of the Western Range.

These trees give the mountains a wild character and help stabilize soil and protect natural springs.

The Chouf Cedar Reserve: The Largest Protected Area in Lebanon

The Chouf Biosphere Reserve is one of the most successful models of forest management in Lebanon. It stretches from Niha in the south to Maasser and

Bsharri in the north and forms the largest continuous cedar forest area in the country.

The reserve includes hiking trails, rich plant and animal diversity, and programs for replanting cedars.

It also hosts remarkable wildlife diversity, including wolves, striped hyenas, and jackals.

Horsh Ehden Nature Reserve: Rare Ecological Diversity

Horsh Ehden, in the north, is one of Lebanon's most important nature reserves. It contains dense oak forests, as well as cedars, firs, and many plant species found nowhere else.

The reserve is distinguished by the presence of rare animals and by cooler, more humid environments compared to surrounding areas, making it a key part of the biodiversity network in the northern mountains.

Wildlife: Presence and Decline

Wildlife in Lebanon was far richer in the past. Today it still exists, but within limits. Species include the Arabian wolf, striped hyena, jackal, migratory bird routes, as well as hedgehogs, foxes, and rabbits.

However, road expansion, quarrying, and uncontrolled hunting have significantly affected this natural wealth.

The Threat of Forest Fires and Reforestation Efforts

Forest fires are one of the greatest threats to Lebanon's forests. Hot summers, neglect, and deliberate fires can destroy large areas within hours.

After each fire, reforestation initiatives begin, but mountain trees require decades to recover fully.

Climate change is intensifying the problem, as seasons are becoming hotter and drier, with less rainfall.

Protection Efforts and the Future

Local initiatives and official reserves are working to protect forests through measures such as regulating grazing, protecting water springs, banning hunting, monitoring fires, and organizing tree-planting campaigns.

Civil society plays a major role, especially in reserves managed through partnerships between associations and the state.

Despite the challenges, Lebanon's forests still have the capacity to recover if proper management programs continue and mechanisms to monitor and prevent violations are strengthened.

Unit 9: A Diverse Climate and Four Distinct Seasons

A Climate That Changes Every Few Kilometers

Lebanon is known for its striking climatic diversity. The short distance between the coast and the mountains, along with the presence of two parallel mountain ranges, creates major differences in temperature, humidity, and rainfall patterns. On the same day, the sun can be strong along Beirut's corniche while snow covers the peaks in Kfardebian. This rapid variation between regions is a direct result of differences in elevation and mountain orientation, in addition to the moderating influence of the Mediterranean Sea on the western slopes.

Winter: Snow in the Mountains and Mildness on the Coast

Winter usually begins in late November and intensifies in January. Coastal areas experience heavy rainfall with moderate temperatures, while the mountains turn white, with snow sometimes reaching relatively low elevations.

Winter is not only a rainy season; it is a key factor in water resources. Snow that accumulates in the mountains serves as a reservoir that feeds springs and rivers throughout the rest of the year. For this reason, Lebanese people closely follow weather forecasts and snowfall levels, since they are directly linked to drinking water and agriculture.

Spring: A Season of Greenery, Flowers, and Renewed Life

Spring arrives quickly after the cold of winter, transforming the mountains into a green carpet dotted with wildflowers across the slopes. This period is relatively short, but it has a major impact on agriculture, as it marks the start of the growing cycle.

The air becomes clean and fresh, and rainfall gradually decreases. Many families take advantage of this season to walk through mountain villages and visit valleys at their most beautiful.

Summer: Coastal Heat and Mountain Coolness

Summer is long and dry, especially from June to the end of September. Humidity is high along the coast, which pushes many residents to head to the mountains, where the air is cooler and drier.

Cafés and restaurants open onto balconies and rooftops, and villages become full of life, especially with returning expatriates spending the summer with their families.

In the mountains, nights remain relatively cool, and many people sleep without air conditioning, while the coast continues to require cooling because of heat and humidity.

Autumn: Harvest Season and Changing Colors

Autumn in Lebanon is a calm and pleasant season. Temperatures drop, and the mountains take on shades of yellow and orange. This period is the time for olive harvests, late grape picking, and the preparation of traditional preserves such as grape molasses and olive oil.

Autumn is also when cooler winds return and people begin to sense that winter is approaching. It is a transitional phase that affects agricultural rhythms and village life.

Food and Seasons: A Direct Link Between Climate and the Table

Climatic diversity created a strongly seasonal food culture. Many fruits and vegetables appear only at specific times of year: apricots and cherries in spring, figs and grapes in summer, and apples and quince in autumn.

Traditional dishes are closely tied to the seasons: freekeh after the wheat harvest, kishk before winter cold sets in, and fresh olive oil after the olive harvest.

Even social life is shaped by the seasons, with summer gatherings held outdoors on balconies and terraces, while winter is reserved for long evenings indoors around the heater.

Climate's Impact on Cities and Tourism

Tourism in Lebanon is directly linked to seasonal change. In summer, coastal areas become active with swimming and festivals.

In winter, mountain regions attract lovers of snow and skiing. This climatic diversity allows tourism to be spread throughout the year, from diving and fishing along the coast, to hiking and climbing in the mountains, to ski resorts on the highest peaks.

Beirut in particular benefits from its proximity to both sea and mountain, which is part of what makes its lifestyle distinctive.

Climate Change and New Challenges

In recent years, clear changes have appeared. Winters have become shorter, heat waves longer, and snowfall has declined in some seasons. These shifts put pressure on agriculture, water resources, and forests, which are now exposed to more frequent fires.

Despite these challenges, some areas still retain their traditional climate patterns, and climatic diversity remains a fundamental part of Lebanon's natural identity.

Unit 10: Major Cities Outside Beirut

Cities That Shape Lebanon's Social and Economic Map

Beyond Beirut, Lebanon is home to a number of major cities, each with its own history, dialect, and distinct economic and social role. These cities are spread across the coast, the interior, and the mountains, reflecting the country's diversity and complex structure. From Tripoli in the north to Sidon and Tyre in the south, and from Baalbek in the heart of the Bekaa to Jounieh and Aley in the mountains of Mount Lebanon, each city has an identity that brings together past and present, heritage and modern urban transformation.

In this unit, we look at the most prominent of these cities, examining their location, social fabric, economic dynamics, and the ways in which they contribute to shaping Lebanon's overall character.

Tripoli: Capital of the North and a City of Deep History

Tripoli, the largest city in Lebanon after Beirut, owes much of its importance to its location on the northern coast. From the Mamluk period through the French Mandate, it played a key commercial role. The city combines covered markets, old khans, the Great Mansouri Mosque, and coastal neighborhoods such as Mina.

Its social fabric is diverse, and it includes schools, universities, and a port that serves the entire north. Despite ongoing challenges, Tripoli remains an active cultural center, a city seeking to reclaim the value of its historical and architectural heritage.

Sidon: A Maritime City Alive with Trade and Heritage

Sidon, Lebanon's third-largest city, occupies a central position on the southern coast. Its deep-rooted history goes back to the Phoenicians and remains visible in its walls, sea castle, and old khans.

Today, its identity is shaped by popular markets, active commercial life, a working port, and educational and service institutions that serve the south. Even as modern areas expand, the old city has remained the heart of heritage and traditional crafts.

Baalbek: A City of the Plain and Monumental Ruins

Baalbek, the largest city in the northern Bekaa, owes its importance to its central position in the plain, which gave it a major agricultural and commercial role. Its greatest fame, however, comes from its Roman temples, which attract visitors from around the world, and from the Baalbek International Festival.

The city has a rich local life, with old markets, neighborhoods spreading across the edges of the plain, and a strong connection to agriculture and food production. Baalbek brings together global historical significance and everyday rural reality.

Tyre: An Ancient City and a Long Shoreline

Tyre is one of the most prominent cities in the south, known for its Phoenician and Roman ruins and its long sandy beach. The traditional port remains a central point for fishermen, and the old city, with its narrow streets, gives Tyre a distinctive character.

Tyre's economy is linked to summer tourism, fishing, and the surrounding agricultural countryside. Its identity is calm and maritime, extending between deep history and contemporary coastal life.

Nabatieh: The Heart of the Southern Interior

Nabatieh is an inland city, far from the coast, but its location among southern villages gave it an important administrative and social role. Its famous Monday market is part of its identity, and the city is active in trade, education, and services.

Migration from surrounding villages over recent decades led to rapid growth. Today, its urban fabric combines old houses with modern buildings. Nabatieh reflects southern Lebanon without a coastline, closely tied to the land, agriculture, and strong social networks.

Jounieh: A Coastal Plain City and Waterfront Hub

Jounieh, located on the northern coast of Mount Lebanon, is a city known for tourism and commerce. Its famous bay, the cable car connecting it to Harissa, and its long waterfront have all shaped a distinct identity.

With rapid urban expansion from the 1970s to the present, Jounieh became an important residential and leisure center, with restaurants, modern markets, and universities. Its character blends coastal city life with nearby mountain living.

Aley: A Mountain City with a Mild Climate

Aley, located along the Beirut–Bekaa route, is a mountain city known for its moderate climate and old houses with wide balconies. Since the Mandate period, it has been a summer destination for people from Beirut and the mountains.

Today, Aley is a city with active commercial and tourist life, lively markets, and educational institutions. Its central location makes it a link between coast and interior, attracting people from different regions for work or residence.

Zahle: The Bride of the Bekaa and a Distinct Cultural Identity

Zahle is the city of the Berdawni Valley, with an identity shaped by its location between the eastern and western mountain ranges. Its climate, dialect, old riverside cafés, and stone houses all contribute to a distinctive cultural character.

Its economy is tied to agriculture, wine production, trade, and food industries. The presence of educational and administrative institutions has made Zahle a key center of the central Bekaa.

Unit 11: Nature and Environmental Challenges in Lebanon

Rich Beauty, Under Growing Pressure

Lebanon is known for its wide natural diversity: green mountains, rivers cutting through valleys, long coastlines, and forests home to rare plants and animals. This natural wealth is a core part of the country's identity and a key reason for its touristic appeal.

Yet this rich environment is not free from pressure. Rapid population growth, urban expansion, weak environmental planning, and climate change have all placed Lebanon's environment under increasing strain year after year. This unit seeks to connect the beautiful face of Lebanon's nature with the other face, one that is struggling with poor management and climatic shifts.

Key Natural Resources: Mountains, Coastlines, and Water

Lebanon's mountains form the backbone of its natural landscape, with cedar, pine, and juniper forests, and high elevations that collect snow in winter and feed springs throughout the year. The coast provides space for fishing and tourism, while rivers such as the Litani, the Orontes, and the Kalb irrigate agricultural plains and serve as essential water sources.

These resources led to the emergence of entire villages and towns, gave Lebanon varied seasons, and supported diverse agricultural activities. They have long been sources of livelihood, natural beauty, and places of rest for people.

How the Environment Has Changed Over the Past Fifty Years

From the mid-twentieth century to today, the natural landscape has changed dramatically. Mountain villages expanded into residential areas, and the coast shifted from open beaches to lines of buildings and installations. New roads cut through agricultural land, and population pressure increased demand for water and electricity.

These transformations are not only urban. They represent a change in people's way of life and in the relationship between city and countryside. The result has been a gradual loss of green cover and fertile soil, replaced by concrete across large stretches of the highlands.

Environmental Crises: Stress Tests for the Entire System

Over time, environmental problems accumulated and began to affect daily life directly. The waste crisis, from the 1990s through recent years, exposed weak infrastructure and reliance on temporary management solutions.

River pollution, especially in the Litani River, became a threat to agriculture and public health. Private generators came to dominate urban air, making pollution constant even outside peak traffic hours. Quarries and sand pits consumed parts of the mountains, leaving stripped and degraded landscapes.

These crises are not isolated. They are linked to an economic and political system, and they interact with one another to create sustained environmental pressure.

Climate Change: Shifting Seasons

Climate change has become clearly visible in recent years. Rainfall has decreased in some seasons and now arrives in irregular and intense bursts. Heat waves are becoming longer and more severe, and agricultural seasons are being disrupted.

Forest fires are increasing, and drought threatens springs and groundwater, especially in mountain areas and the Bekaa. These changes are intensifying pressure on agriculture and exposing the country to new risks that were not familiar in the past.

Initiatives and Efforts to Restore Balance

Despite the difficulty of the situation, there are efforts to rebuild a healthier relationship with nature. New nature reserves have been established, such as the Chouf Reserve and the Tyre Reserve, and local organizations are working to clean beaches and rivers. Campaigns for waste sorting at the source have emerged, along with experiments in solar energy in many villages.

Public awareness has also grown, especially with the development of environmental media, leading to increased pressure on the state and municipalities to adopt clearer and longer-term plans.

The path is long, but hope remains, as change can begin with small initiatives that grow over time.

Unit 12: Unofficial Geographic Regions and Local Identities

Lebanon Between Geography and Multiple Identities

Alongside official administrative divisions, there are unofficial regional divisions that play a major role in shaping local identities. People commonly use terms such as the north, the south, the Bekaa, the mountain, the coast, the city, and the village to describe clear social and cultural differences. These divisions have no official borders, yet they are strongly present in everyday language and collective awareness, influencing food, dialect, customs, and how regions perceive one another.

The North and the South: Short Distances, Big Differences

The north and the south form two important poles in the Lebanese imagination. The north is known for its old cities, markets, and the port of Tripoli, as well as for strong links between the coast and mountain villages. The south, on the other hand, has a long history of agriculture, tobacco cultivation, and towns stretching from the coast to the interior.

Despite geographic proximity, there are differences in daily life, hospitality customs, and ways of living. The north is closer to trade and openness toward the Syrian coast, while the south is more closely tied to the land, villages, and extended families. Still, a shared Lebanese identity remains present above all these differences.

The Bekaa, the Mountain, and the Coast: Three Clear Identities

The Bekaa is a wide, open plain with intensive agriculture and a dialect marked by a distinctive tone. Life there is closely connected to the village, the land, and the agricultural seasons.

The mountain has a different identity, with villages built on slopes, stone houses, and a colder climate. The relationship between people and the mountain is historical, marked by pride and sometimes a sense of isolation.

The coast offers a faster-paced life, interconnected cities, and diverse services and job opportunities. Its urban fabric is more modern, and its dialect reflects daily contact between people from different regions.

Village and City: Identities Moving Between Two Lifestyles

The contrast between village and city life is clear in Lebanon. Village life is marked by close social ties, open homes, and traditions linked to seasons and local communities. City life has a faster rhythm, mixed work and residential spaces, and a lighter dialect closer to that of the media.

With internal migration from the 1970s to today, many people from villages settled in Beirut, Jounieh, and Sidon, leading to overlapping identities. Today, a young person from the Bekaa or the south may live a fully urban life, yet remain strongly connected to their village, returning every weekend.

Dialects: Differences That Unite Rather Than Divide

Lebanese dialects vary between coast, mountain, and Bekaa, and between north and south. Bekaa speech has a strong tone and extended vowels. Southern speech has a slower rhythm and clear pronunciation. Northern speech is faster and includes words shaped by Ottoman history and Syrian trade.

Despite these differences, people understand one another, and dialect variation becomes part of everyday identity. Lebanese people often take pride in their dialect, seeing it as a marker of origin, region, and belonging.

Food: Geography Giving Flavor

Lebanese regions have foods directly tied to their natural environment. The Bekaa is known for labneh and karabij, thanks to the abundance of milk and wheat. The north is famous for kibbeh nayyeh, seafood, and certain sweets. The south is known for tabbouleh, freekeh, and olive oil. The mountain is associated with preserved foods, makdous, and white cheese.

These dishes are not just food; they express people's relationship with the land and the seasons, and each region's pride in its own flavors.

Stereotypes and Local Pride

For a long time, Lebanese people have used stereotypes about one another, some humorous and others tiring. Northerners are seen as traders skilled in crafts, southerners as tied to the land and strong-willed, people of the Bekaa as generous and brave, and mountain communities as deeply proud of their villages.

In recent years, there has been greater awareness that these images are simplified and do not reflect reality. Still, local pride remains strong. People speak about their village, their mountain, or their coast as a core part of identity, not merely as a geographic label.

Local Identities Within One Nation

Unofficial regional divisions highlight real differences, but they also represent richness within Lebanese identity. This diversity in dialects, customs, food, and social rhythms is what gives Lebanon its layered and multifaceted character.

No matter how cities and villages change, or how people move and settle in new areas, the sense of belonging to one's village remains deeply rooted and adds another dimension to national identity.

lingualism

Visit our website for information on current and upcoming titles and free language learning resources.

www.lingualism.com

www.ingramcontent.com/pod-product-compliance
Lightning Source LLC
Chambersburg PA
CBHW050957050726

47592CB00007B/2612